CATALOGUE ABRÉGÉ DES LIVRES DE LA BIBLIOTHEQUE DE FEU M. PERRINET DE LA SERRÉE.

DONT la Vente se fera au plus offrant & dernier Enchérisseur, le Lundi 22 Juin 1789, & jours suivans, de relevée, en son hôtel, rue Neuve des Petits-Champs, vis-à-vis celle de Louis le Grand.

A PARIS,

Chez ROZET, Libraire, rue Saint-Sauveur, la porte cochère, n°. 55.

1789.

LA Bibliothéque, dont voici le Catalogue, ſans être bien nombreuſe, renferme néanmoins tout ce que pouvoit deſirer un Homme du monde, un Homme de goût, ajoutons un Homme éclairé, inſtruit, politique & bon Patriote, qualités qui ſe trouvoient éminemment réunies en feu M. DE LA SERRÉE.

Les Amateurs de la Langue Italienne trouveront à ſe ſatisfaire par la multiplicité des bons Ouvrages Italiens qui ſont répandus dans toutes les claſſes, & ſinguliérement dans celles de la Poéſie épique & dramatique.

On appercevra ſur-tout dans les deux claſſes des Belles-Lettres & de l'Hiſtoire, qui ſont les plus abondantes, quantité d'excellens Ouvrages des meilleurs Auteurs, tant anciens que modernes, & des bonnes éditions dont pluſieurs de Baskerville, &c.

Enfin, la Claſſe des Sciences & des Arts offre auſſi pour ſon ornement, parmi d'autres bons Livres, l'Encyclopédie premiere édition de Paris, l'Hiſtoire Naturelle de Buffon, *in*-4°. avec figures des bonnes épreuves, &c.

Tous les Livres ſont en général très-bien conditionnés.

TABLE DES DIVISIONS Contenues en ce Catalogue.

THÉOLOGIE.

JURISPRUDENCE.

SCIENCES ET ARTS.

BELLES-LETTRES.

HISTOIRE.

Fin de la Table des Divisions.

CATALOGUE

CATALOGUE DES LIVRES DE LA BIBLIOTHEQUE DE FEU M. PERRINET DE LA SERRÉE.

THÉOLOGIE.

N°. 1 INTRODUCTION à la lecture de l'Écriture Sainte, par le P. Lamy. *Lyon*, 1699, *in*-4.

2 Bible d'Ostervald. *Amst. Z. Châtelain*, *in-fol.*

3 Histoire Sainte des deux Alliances, avec des Réflexions sur chaque livre de l'ancien & du nouveau Testament. *Paris*, 1741. 7 *vol. in*-12.

4 Nouveau Testament, & les Pseaumes de David notés. 2 *vol.*

5 Dictionnaire des Conciles. *Paris*, *Didot*, 1767, 1 *vol. in*-8.

6 Le Concile de Trente, de Fr. P. Sarpi, traduit par le Pere le Courrayer. *Amsterd.* 17 6, 2 *vol. in* 4. — La défense de la Traduction ci-dessus. *vol. in*-12.

7 Le Concile de Pise, par Lenfant. 1731, 2 *vol. in-4.*
8 Les Sermons de Jacquelot & de Basnage. 3 *vol.*
9 De la Prédication. 1766, *in-12.*
10 Principes de la Foi Chrétienne, par Ch. Fr. Prophère. *Paris*, 1736, 3 *vol. in-12.*
11 Lettres Provinciales de Pascal. *Amst.* 1735, 3 *vol. in-12.*
12 Dictionnaire des Héréfies. 1762. 2 *vol. in-8.*
13 Traité de la paix de l'Ame & du contentement de l'Esprit, par Dumoulin. 1729, 2 *vol. in-12.*
14 De l'Importance des opinions Religieuses, par M. Necker, & autres pieces. *Paris*, 1788, *in-8. br.*
15 Histoire de la Religion, trad. de l'Anglois de Hume. 1759, *in-12.*
16 Pensées sur la Comète, par Bayle. 1721, 4 *vol. in-12.*
17 Commentaire du même, sur ces paroles: *contrain les d'entrer.* 1713, 2 *vol. in-12.*
18 Avis aux Réfugiés, avec la réponse. 1692, 2 *vol. in-12.*
19 Le Conte du Tonneau. 1756, 3 *vol. in-12.*
20 La Religion des Anciens Gaulois, par D. J. Martin, Bénédictin. 1727, 2 *vol. in-4. fig.*

JURISPRUDENCE.

21 DROIT Naturel de Burlamaqui. 1747, *in-4.*
22 Droit de la Nature & des Gens de Puffendorf, par Barbeyrac. 2 *vol. in-4.*
23 Loix Naturelles de Cumberland. 1744, *in-4.*
24 De la Législation, par Mabli. 1776, *in-12.*
25 L'Esprit des Loix de Montesquieu. 2 *vol. in-4.*
26 Le même en 3 *vol. in 12.*
27 Dissertation sur les raisons d'établir ou d'abroger les Loix, par le feu Roi de Prusse, suivie de l'Examen sur l'usure, par Formey & autres pieces. *in-12.*

DROIT CANONIQUE.

28 Histoire du Droit Canonique & du Gouvernement de l'Eglise. 1750, *in-12.*
29 Histoire du Droit Public, Ecclésiastique François. 1740, 2 *vol. in-12.*

30 Libertés de la France, contre le pouvoir de l'Excommunication envers les Comédiens, par Huerne de la Motte, *in*-12.

31 De l'autorité du Roi touchant l'âge nécessaire à la profession des Religieux, par le Vayer de Boutigny. 1751, *in*-12.

32 Lettres sur la conventualité ou la réforme des Communautés Religieuses, par l'Abbé Vanmal. 1767, *in*-12.

33 Essai sur les Privilèges & exemptions des Réguliers. 1769, *in*-12.

34 Examen impartial des immunités Ecclésiastiques. 1751, *in*-12.

35 Réponse aux Lettres contre l'immunité des Biens Ecclésiastiques. 1750, *in*-12.

36 Discussion sur la prétention du Clergé d'être le premier Ordre de l'Etat, 1767, *in*-12.

37 Discours sur les biens Ecclésiastiques, par Frapaolo. 1767, *in*-12.

38 Lettres *ne repugnate*, par M. de Silhouete, où l'on prouve que le Clergé ne peut être dispensé de payer le vingtième, &c. *in*-8.

39 Traité des Droits de l'Etat & du Prince sur les biens possédés par le Clergé. 6 *vol. in*-12, *br*.

DROIT CIVIL.

40 Maximes du Droit public François. 1772, 2 *vol. in*-12.

40 *bis*. Conférences de l'Ordonnance de Louis XIV, sur le fait des entrées & autres droits, pour le ressort de la Cour des Aides de Paris, par Jacquin. *Paris*, 1703, *in*-4.

41 Introduction à la pratique, par Ferriere, & commentaire sur la coutume de Paris, du même. 4 *vol. in*-12.

41 *bis*. Œuvres de Cochin. 1757, 6 *vol. in*-4.

42 Principes sur la nullité du Mariage pour cause d'impuissance, par Boucher d'Argis. 1756, *in*-8.

43 Procès de M. de Gêvres pour cause d'impuissance. 2 *vol. in*-12.

44 Procès de Furetiere, contre l'Académie Françoise. 2 *vol. in*-12.

45 Mémoires pour les Sieurs de la Bourdonnois, les Calas, Beaumarchais, Madame la Mothe, Kornmann, & autres. *in*-4. & *in*-8.

46 Causes amusantes & connues. 2 *vol. in*-12.

Droit Criminel.

47 Dei Delitti e delle pene, del. sig. marchese Beccaria, avec la Traduction Françoise, du Marquis de Caraccioli. 1764, *in*-8.
48 Il medesimo libro. *in Parigi*, molini, 1766, avec le Commentaire d'un Avocat de Province sur cet ouvrage & autres pieces. *in*-8. *double*.
49 Discours sur le préjugé des peines infamantes, & autres pieces, par La Creteile. 1784, *in*-8.
50 Observations sur la société & sur les moyens de ramener l'ordre & la sécurité dans son sein. *Paris*, *Royez*, 1787, 2 *vol. in* 12. *br.*

Droit Étranger.

51 Plan du Roi de Prusse, pour la réformation de la Justice. 1748, *in*-12.
52 Code Fréderic, 1751. 3 *vol. in* 8.

SCIENCES ET ARTS.

Philosophie.

53 Histoire critique de la Philosophie, par Deslandes, 1742, 3 *vol. in*-12.
54 Traité de l'opinion, par le Gendre de Saint-Aubin, 1733, 10 *vol. in*-12.
55 Doutes sur différentes opinions reçues dans la société, 1784, 2 *vol. in*-12.
56 Analyse de la Philosophie de Bacon. 1755, 3 *vol. in*-12.
57 Philosophie du bon sens, par D'Argens. 1746, 2 *vol. in*-12.

Morale.

58 De la sagesse, par Charron. *Leyde*, *Elsevier*, *sans datte*, *in*-12. *maroq. rouge*.
59 Réfléxions morales de la Rochefoucault. *in*-12.
60 Caractères, de Théophraste & la Bruyere. *Paris*, *David*, *pere*. 1750, 2 *vol. in*-12.

61 Les Œuvres de Madame de Lambert. 2 *vol.* *in*-12.

62 Considérations sur les mœurs & Mémoires de Duclos. 1751, 2 *vol. in*-12.

63 Considérations sur l'Esprit & les Mœurs. *Paris*, 1787, *in* 8. *br.*

64 Œuvres posthumes du Chevalier de Méré, de la vraie honnêteté, de l'éloquence & de l'entretien, de la délicatesse dans les choses & dans l'expression, du commerce du monde; Réflexions sur l'éducation d'un enfant de qualité. *Amst.* 1710, *in*-12.

65 Recueil de divers écrits sur l'Amour & l'Amitié, la Politesse, la volupté, les sentimens agréables, l'Esprit & le cœur. (Par Saint Hyacinthe), *Paris, veuve Pissot*, 1736, *in*-12.

66 Les Nuits d'Young, traduit de l'Anglois, par le Tourneur. 1769, 2 *vol. in*-8.

67 Le spectateur, traduit de l'Anglais de Stèele, Addisson & Swift. 7 *vol. in*-12, *édition d'hollande.*

68 Morceaux choisis du Rambler ou du Rodeur, traduit de l'anglais de Johnson, par M. Boulard. *in*-12.

69 Le Spectateur Français, par Marivaux. 2 *vol. in*-12.

70 La Fable des Abeilles, ou les Fripons devenus honnêtes Gens, traduit de l'anglais, par Mandeville. 1740, 4 *vol. in*-12.

71 Les Livres Classiques de la Chine, contenant la morale & la Politique des Chinois. *Paris, Debure & Barrois*, 1784, 7 *vol. in*-12, *petit format, v. éc. d. f. tr.*

Morale Œconomique.

Traités sur l'Education, &c.

72 Essais sur l'Esprit humain, ou Principes de l'Éducation, par Morelly. 1743, *in*-12.

73 De l'Education des Enfans, traduit de l'anglais de J. Locke. *Amst.* 1708, *in*-12.

74 Adèle & Théodore, ou Lettres sur l'éducation. (Par Madame de Genlis), 1782, 3 *vol. in*-12.

75 Essais d'Education nationale, par M. de la Chalotais, *in*-12.

76 Pensées de Ciceron, pour servir à l'Education de la jeunesse, par l'Abbé d'Olivet. 1744, *in*-12.

77 Essai sur l'Education de la Noblesse. 1747, 2 *vol. in*-12.

78 Il Cortegiano, del Conte Baldessar Castiglione, revisto per Lodovico Dolce. *in Lyone*, 1562, *in*-12.

79 Ecole Militaire, de l'Abbé Raynal. 1762, 3 *vol. in*-12.

80 De la Sociabilité, par Pluquet. 1767, 2 *vol. in*-12.

81 Délassemens du Cœur & de l'Esprit, par un Solitaire. 1758, 2 *vol. in*-12. *reliés en un.*

POLITIQUE.

Politique Générale.

82 Principes du Droit Politique. 1751, 2 *vol. reliés en un.*

83 Entretiens de Phocion, par l'Abbé de Mably, *in*-12.

84 Des Droits & des devoirs du Citoyen, par le même. 1789, *in*-12 *br.*

85 Discours Politiques de Hume. 1754, 2 *vol. in*-12.

86 Essais politiques, par le Marquis de*** 1757, 2 *vol. in*-12. *rel. en* 1.

87 L'ordre naturel des sociétés politiques (par M. de la Riviere). 1767, *in*-4.

88 Le Gouvernement Civil de Locke, 1749, *in*-12.

89 Idée d'une République heureuse, ou l'Utopie de Thomas Morus, trad. en Français par Gueudeville. *Amst.* 1730, *in*-12. *avec beaucoup de fig.*

90 Lettres sur l'Esprit de Patriotisme, trad. de l'Anglais, de Bolingbroke, 1750, *in*-8.

91 La Politique Naturelle, ou Discours sur les vrais principes du Gouvernement. *Londres* 1773, 2 *vol. in* 8.

92 Principes naturels de la Morale & de la Politique, avec un Examen de l'influence du Gouvernement sur les Mœurs. *Londres*, 1773, 3 *vol in*-8. *reliés en* 1.

Politique des Cours.

93 Monarchie parfaite, ou l'accord de l'autorité d'un Monarque avec la liberté de la nation, 1789, *in*-8. *br.*

94 L'Anti-Machiavel, ou Examen du Prince de Machiavel, avec des notes historiques & politiques, (par Frédéric, Roi de Prusse), La Haye 1741, *vol. in*-8. *veau-fauve.*

95 Principes des Négociations, par Mably, *vol. in*-12.

96 Le droit public de l'Europe, du même, 2 *vol. in*-12.

97 Maniere de négocier avec les Souverains, par Calliéres, *Londres* (*Trévoux*) 1750, 2 *vol. in*-12.

98 Le Secret des Cours, ou Mémoires de Walfingham, contenant les Maximes de Politique néceſſaires aux Courtiſans & aux Miniſtres-d'Etat, 1715, *in*-8.

99 Mémoires & Inſtructions pour les Ambaſſadeurs, ou Lettres & négociations de Walfingham, *Amſt.* 4 *vol. in*-12, *veau fauve.*

Politique Œconomique.

100 L'ami des hommes, ou Traité de la population, par le Marquis de Mirabeau, 4 *parties rel. en* 1 *vol. in*-4.

101 Mémoire Théol. & Politique, au ſujet des mariages clandeſtins des Proteſtans de France, ſuivi de la Lettre d'un Patriote ſur la Tolérance Civile des Proteſtans & ſur les avantages qui en réſulteroient pour le Royaume, *in*-8.

102 Lettre de deux Curés des Cevennes, ſur la validité des mariages des Proteſtans & ſur leur exiſtence légale en France. *Londres* 1777, *in* 8.

103 Mémoire ſur le mariage des Proteſtans, en 1785 & 1787, 2 *vol. in*-8. — Le Conciliateur, ſur le même ſujet, par M. Turgot, 3 *parties in*-8. *br.*

104 Principes politiques ſur le rappel des Proteſtans en France. *Paris*, *Valeyre*, 1764, *in*-12.

105 Eclairciſſemens Hiſtoriques ſur les cauſes de la révocation de l'Edit de Nantes & ſur l'état des proteſtans en France, 1788, *in*-8. *br.*

106 Avantages du mariage, & combien il eſt néceſſaire & ſalutaire aux Prêtres & aux Evêques de ce tems-ci, d'épouſer une fille Chrétienne. *Bruxelles*, 1758, 2 *vol. in*-12. *relié en* 1.

107 La cauſe des Eſclaves Nègres, portée au Tribunal de la Juſtice, de la Religion, de la Politique, &c. *Lyon*, 1789, 2 *vol. in*-8. *br.*

108 Conſidérations ſur les richeſſes & le luxe. *Amſt.* (*Paris*), *veuve Valade*, 1787, *in*-8.

109 Eſſai ſur les Ponts & Chauſſées, la Voirie & les Corvées, 1759, *in*-12.

110 Réflexions ſur la Corvée des chemins, ou Suplément à l'ouvrage ci-deſſus, 1762, *in*-12.

111 L'ami du Cultivateur, ou Mémoire ſur les moyens d'améliorer la condition des Laboureurs, des Journaliers, des hommes de peine vivans dans les campagnes, &c. Par un Savoyard. *Chamberi*, 1787, 2 *vol. in*-8. *br.*

Agriculture, Commerce, Finances, &c.

112 Essai sur l'esprit de la Législation favorable à l'Agriculture, à la Population, au Commerce, aux Arts, aux Métiers, &c. 1766. *in*-8.

113 Avis au Peuple sur son premier besoin, & autres Traités œconomiques, par l'Abbé Baudeau, 1768, *in* 12.

114 Dialogues sur le commerce des bleds, par Gagliany, avec la réfutation, 1770, 2 *vol. in*-8.

115 Essai sur la police des grains, 1755, *in*-12.

116 Lettres sur le commerce des grains, (par le Marquis de Mirabeau). *Paris*, 1768, *in*-12.

117 Sur la législation & le commerce des grains, par M. Necker, avec l'Analyse & la Critique de cet ouvrage, 1775, 2 *vol. in*-8. — Expériences sur l'alkali volatil fluor, par M. Sage.

118 Les intérets de la France mal entendus dans les branches de l'Agriculture, de la Population, des Finances, du Commerce, &c., par Plumard de Dangueil, 1755, 3 *vol. in*-12.

119 Le Commerce & le Gouvernement, considérés relativement l'un à l'autre, par l'Abbé de Condillac, 1776, *in*-12.

120 Réflexions politiques sur les Finances & le Commerce, par Dutot, avec l'Examen & Critique de cet ouvrage, *La Haye*, (*Paris*), 1738 & 1740, 4 *vol. in*-12.

121 Elémens du Commerce, par Forbonnois, 1754, 2 *vol in*-12.

122 Belloni (Marchionis Hieronimi) dissertation de commercio. *Romæ*, 1750, *Lat. & Ital. in fol.*

123 Traité du commerce, trad. de l'Anglais, de Thomas Mun. *Paris*, 1674, *in*-12.

124 Essai politique sur le commerce, par Melon, 1736, *in*-12.

125 Principes du Commerce opposé au trafic, développé par un homme d'Etat, 1787, *in*-8.

126 Essai sur la nature du commerce en général, trad. de l'Anglais, 1755, *in*-12.

127 Les intérets des Nations de l'Europe, développés relativement au commerce. *Paris*, 1767, 4 *vol. in*-12.

128 La Noblesse Commerçante, Commerçable, Ubiquiste & Militaire, par l'Abbé Coyer; avec le développement

&

& la défense du système de cet auteur. *Paris*, 1756 & 1757, 2 *vol. in* 12.

129 Prospectus d'un Dictionnaire de Commerce, par M. l'Abbé Morellet de l'Académie Françoise. *Paris*, 1769, *in*-8.

130 Essai sur la Marine & le Commerce, 1743, *in*-8.

131 Essai sur les intérêts du Commerce maritime, par Deslandes, 1754, *in*-12. *pet. for.*

132 Mémoire sur la Compagnie des Indes, par M. l'Abbé Morellet. — Réponse au Mémoire ci-dessus, par M. Necker. — Examen de la Réponse de M. Necker. — Mémoire sur la Compagnie des Indes, par le Comte de Lauraguais, 1769, *le tout en* 1 *vol. in*-4.

133 Traités sur le commerce & sur les avantages qui résultent de la réduction de l'intérêt de l'argent, par Josias Child, avec un Traité contre l'usure, par Thomas Kulpeper, & autres pieces, trad. de l'Anglois. *Paris*, 1754, *in*-12.

134 Essai sur l'état du Commerce d'Angleterre, 1755, 2 *vol. in* 12.

135 Histoire & Commerce des Colonies Anglaises, dans l'Amérique Septentrionale, 1755, *in*-12.

136 Lettre à un actionnaire de la Compagnie des Indes Orientales d'Angleterre, en Anglais & en Français. *Londres*, 1750, *in* 8.

137 Remarques sur les avantages & désavantages de la France & de la Grande Bretagne, par rapport au commerce, trad. de l'Anglais de John Nickolls, (par Plumard de Dangueil), 1754, *in*-12.

138 Questions sur le Commerce des Français au Levant, 1755, *in*-12.

139 Essais sur les Colonies Françaises, ou Discours sur le Gouvernement, la Population & le Commerce des Colonies, 1754, *in*-12.

140 Mémoire sur les laines, 1755, *in*-12.

141 Réflexions sur les avantages de la libre fabrication & de l'usage des toiles peintes en France, 1758, *in*-12.

142 Mémoires pour servir à l'Histoire Générale des Finances, par Déon de Beaumont, 1758, 2 *vol. in*-12, *rel. en* 1.

143 Recherches & Considérations sur les Finances de France, par Forbonnois, 1758, 2 *vol. in*-4.

144 Le Financier Citoyen, 1758, 2 *vol. in*-12.

145 Considérations sur le commerce & sur l'argent, par

Law, Contrôleur Général des Finances de France. *La Haye*, 1720, *in* 12.

146 Essai sur les monnoyes, ou Réflexions sur le rapport entre l'argent & les denrées, par Dupré de Saint Maur. *Paris*, 1746, *in* 4.

147 Compte rendu au Roi, par M. Necker, en 1781. — Mémoire sur les administrations provinciales du meme. — Lettre de M. de Carraccioli à M. D'Alambert. — Les observations de M. Bourboulon; & les eclaircissemens de Monsieur Necker, sur le compte de 1781, *le tout en* 2 *vol. in*-4. *rel & br.*

148 Compte des Finances rendu au Roi, en Mars 1788. Collection de comptes rendus, pieces autentiques, États & Tableaux concernant les Finances de France, depuis 1758, jusqu'en 1787. — situation actuelle des Finances de la France & de l'Angleterre, 1789, 3 *vol. in* 4. *br.*

149 De l'Administration des Finances de la France, par M. Necker. *Genève*, 1784, 3 *vol. in* 8. *grand papier d'Hollande.*

150 Situation des Finances en Avril 1787, d'après les bâses publiées par M. de Calonne & M. Necker. — Requête au Roi, par M. de Calonne, 1787, & pieces justificatives. — Réponse par M. Carra. — Lettre de M. Beyerlé à M. de Calonne. — Réponse de ce dernier. — Observations de la ville de Saint Mihiel, & pieces justificatives. — Réponse anx Observations précédentes. — Écrit de M. Necker, en Avril 1787. — Réponse de M. de Calonne à cet écrit, avec les Pieces justificatives. — Lettre de M. de Calonne au Roi, 9 Février 1789. — Mémoire ou Examen du sistême de M. Necker. — Observations rapides sur la Lettre de M. de Calonne, au Roi. — Observations réfléchies sur les Observations Rapides, &c. *en tout* 16 *vol. in*-8. *br.*

151 Plan d'Administration des Finances, par Malpart. — Dénonciation de l'Agiotage au Roi, par le Comte de Mirabeau, avec la suite, 3 *vol. br.*

152 Finances, crédit national, intérêts politiques & de commerce, Forces militaires de la France, &c. 1789, *in* 8. *br.*

MÉTAPHYSIQUE.

153 Examen du Fatalisme, ou réfutation des différens systêmes de Fanatisme qui ont partagé les Philosophes sur l'origine du monde, la nature de l'âme & le principe des

actions humaines. *Paris*, *Didot*, 1753, 3 *vol. in*-12.

154 Abrégé de l'Essai sur l'Entendement humain de Locke, *in*-8.

155 Introduction à la connoissance de l'Esprit humain, (par le Marquis de Vauvenargues), 1747, *in*-12.

156 Origine des connoissances humaines, — Traité des Sensations, — Traité des Systêmes, par l'Abbé de Condillac, 4 *vol. in*-12.

157 Essai sur le beau, par le P. André Jes, *in*-12.

158 Traité du Beau, par Crousas, 1724, 2 *vol. in*-12. *v. f.*

159 Théorie des sentimens agreables, 1748, *in* 12.

160 Traité des charmes de l'Amour Conjugal dans ce monde & dans l'autre, trad. du Latin de Swedemborg, par Brumore. *Berlin*, 1784, *in*-12.

161 Essai sur les erreurs populaires, trad. de l'Anglais de Thomas Brown. *Paris*, 1753, 2 *vol. in*-12.

162 Amusemens sur le langage des bêtes, par le P. Bougeant, avec les Réflexions sur l'âme des bêtes, 1739, 2 *vol. in*-12.

163 Apologie des bêtes, (par Morfouaçe de Beaumont), 1739, *in* 8.

PHYSIQUE.

164 Institutions de Physique, (par Madame du Châtelet), 1740, *in*-8. *fig.*

165 Idée générale d'un Cours de Physique, par l'Abbé Nollet, — Leçons de Physique, du même, 6 *vol. in*-12. *fig.*

166 Recherches sur les Phénomènes électriques, du même, *in*-12.

167 Lettre sur l'électricité, du même. 3 *vol. in*-12.

168 Essai sur l'électricité des corps, du même, *in*-12.

169 Récréations Physiques & Mathématiques, par Guyot, *Paris*, 1769, 4 *vol. in*-8. *fig. coloriées.*

170 Expériences de la Machine Aerostatique, par Faujas, *in*-8.

171 Suplément au Traité Chimique de l'air & du feu de Schéele, par le Baron de Dietrich, 1785, *in*-12.

172 Recueil de differens Traités de Physique & d'Histoire naturelle, par Deslandes, 1748, 2 *vol. in* 12.

173 Observations de Physique & d'Histoire Naturelle sur les eaux minérales de Dax, de Bagnières & de Barège, par Secondat, *in*-12.

174 Traité Historique des eaux & bains de Plombieres, de

Bourbonne, de Luxeuil & de Bains, par Dom Calmet, *in*-8. *fig.*

175 Telliamed, ou Entretiens d'un Philosophe Indien, sur la diminution de la Mer, la formation de la Terre, l'origine de l'homme, &c. 1748, *in*-8.

Histoire Naturelle.

176 Histoire Naturelle de M. de Buffon, 1749, 15 *vol. in*-4. *prem. éd.*

— Id. Des oiseaux, 9 *vol. in*-4.

— Id. Des minéraux, 3 *vol. in* 4.

— Supplément, 6 *vol. in* 4. *en tout* 33 *vol. in*-4.

177 Lettres à un Américain sur l'ouvrage précédent, par Lignac, 3 *vol. in*-12.

178 Spectacle de la Nature & Histoire du Ciel de Pluche, 9 *vol, in*-12. *manque les tomes* 8 & 9.

179 Histoire Naturelle de l'Islande & du Groenland, trad. de l'Allemand d'Anderson, par Surgy, 1750, 2 *vol. in*-12.

Physiologie.

180 De l'homme & de la femme, considérés phisiquement dans l'état du mariage. *Lille*, 1772, 2 *vol. in*-12. *fig.*

181 L'art de faire des garçons. *Montpellier*, 2 *vol. in*-12. *rel. en* 1.

182 Lucina sine concubitu, 1750, *in*-8.

183 Lettre sur le pouvoir de l'imagination des femmes enceintes. *Paris*, *Guerin*, 1745, *in*-12.

184 Dissertation Physique, à l'occasion du Nègre blanc, par Maupertuis. *Paris*, 1744, *in*-12. *v. f.*

185 Observations microscopiques, avec des découvertes intéressantes sur la composition & la décomposition des corps organisés par Needham. *Paris*, *Ganeau*, 1750, *in*-12. *fig.*

186 Opuscules de Physique animale & végétale, avec les expériences sur la digestion de l'homme & des animaux, par l'Abbé Spallanzani, trad. de l'Italien, par J. Sénébier. *Paris*, *Duplain*, 1787, 3 *vol. in* 8.

Médecine.

187 Collection des ouvrages de Médecine de M. Tissot. *Paris*, 1769, 7 *vol. in*-12.

188 De la ſanté, ouvrage utile à tout le monde, par Jacquin, 1762, *in*-12.
189 Le conſervateur de la ſanté, par le Begue de Preſle, 1763, *in* 12.
190 Cuiſine de ſanté, 1768, *in* 12.
191 Politique du Médecin de Machiavel, ou le chemin de la fortune ouvert aux Médecins, par la Mettriè & autres pieces, *in* 12.

Œconomie Rurale, Botanique.

192 Dictionnaire domeſtique, contenant toutes les connoiſſances relatives à l'œconomie domeſtique & rurale. *Paris*, *Vincent*, 1762, 3 *vol. in*-8.
193 Manuel de Botanique, par Duchène. *Paris*, 1764, *in*-12.

Mathématiques,

Géométrie.

194 Elémens des Mathématiques, du P. Lami, *in*-12.
195 L'Arithmétique des Géométres, ou nouveaux élémens de Mathématiques, par l'Abbé Deidier. *Paris Jombert*, 1739, *in*-4. *fig.*
196 Elémens d'Euclide, expliqués d'une maniere nouvelle & très-facile, par le P. Dechalles, 1690, *in*-12. *vel.*
197 Elémens de Géométrie, par Clairaut. *Paris*, *David*, 1741, *in*-8. *fig.*
198 La Trigonométrie rectilique & ſphérique, par Wlac, corrigée & augmentée par Ozanam. *Paris*, *Jombert*, 1720, *in*-8. *fig.*
199 Eſſai ſur les probabilités de la durée de la vie humaine, par de Parcieux, 1746, *in*-4.
— Mémoire ſur la poſſibilité d'amener l'eau de la riviere d'Yvette à Paris, par le même, *in*-4.
200 Eſſai d'analiſe ſur les jeux d'hazard, (par Montmaur). *Paris*, *Quillau*, 1713, *in*-4.

Astronomie.

201 Elémens d'Aſtronononomie, par Caſſini, *Paris*, *Imp. Roy.* 1740, *in*-4. *fig.*
202 La figure de la terre, déterminée par les obſervations de

Maupertuis, Clairaut, Camu.; le Monnier & autres. *Paris, Imp. Royale*, 1738, *in*-8.

203 Nouvelles vues sur le système de l'univers. *Paris, Chaubert*, 1751, *in*-4.

204 Usage des Globes céleste & terrestre, & des sphères, suivant les différens systêmes du monde, par Bion, 1728, *in*-8.

Art Militaire.

205 Elémens de l'art Militaire, par d'Héricourt. *La Haye*, 1748, 2 *vol. in*-12. *v f.*

206 Mémoires de Feuquieres, contenant ses maximes sur la Guerre & l'application des exemples aux maximes. *Paris, Rollin*, 1740, 4 *vol. in*-12, *avec plans & cartes.*

207 Mes Rêveries, du Mâl de Saxe, publiées par Bonneville, 2 *vol. in*-12.

— Traité des légions, du même, *in*-12.

208 Mémoires du C * * *. *Amsterdam. Rey*, 1779, *in*-8.

209 Exercice de l'Infanterie française, par Baudouin, 1756, *in-fol. gr. p br.*

Art Pyrotechnique.

210 Essai sur les feux d'artifice, pour le spectacle & pour la guerre, par Perrinet d'Orval, 1745, *in*-8.

211 Traité des feux d'artifice, pour le spectacle & pour la guerre, par le même. *Berne* 1750, *in*-8. *fig.*

212 Traité des feux d'artifice pour le spectacle (par Frezier), *Paris, Nyon*, 1747, *in* 8. *fig.*

Marine.

213 Histoire générale de la Marine. *Paris*, 1744, *in*-4. *tome premier.*

214 Essai sur la Marine des Anciens & sur leurs Vaisseaux de Guerre, par Deslandes. *Paris. David*, 1768, *in*-12. *fig.*

Sciences et Arts en Général.

215 Introduction générale aux Sciences, par Bruzen de la

Martiniere, suivie des Conseils. pour former une Bibliothèque, par Formey. 1764, *in*-12.

216 Encyclopédie, ou Dictionnaire raisonné des Sciences, des Arts & des Métiers; premiere édition de Paris, avec le supplément & les tables. 35 *vol. in-fol.*

217 L'Esprit de l'Encyclopédie ou choix des articles les plus curieux & les plus intéressans de ce Dictionnaire. 5 *vol. in* 12.

218 La Science des Personnes de Cour, d'Epée & de Robe, par Chevigni, publiée par Limiers. *Amst. Châtelain*, 1729, 4 *vol. in*-12. *fig.*

219 Aux mânes de Louis XV, ou essai sur le progrès des Arts & de l'Esprit humain sous le Règne de Louis XV, par Gudin, 1777, 2 *vol. in*-12.

220 Considérations sur les révolutions des Arts, par Méhégan. 1755, *in* 12.

BEAUX ARTS.

221 Dictionnaire portatif des Beaux Arts, par Lacombe, *in* 8.

222 Les Beaux Arts réduits à un même principe, par Batteux, *in*-8.

MUSIQUE.

223 Démonstration du Principe de l'harmonie, par Rameau. *Paris*, 1750, *in*-8.

224 Observations sur notre instinct, pour la Musique & sur son principe, par le même. 1754, *in*-8.

225 Elémens de Musique, théorique & pratique, suivant les principes de Rameau, par Dalembert. 1752, *in*-8.

PEINTURE, SCULPTURE, ARCHITECTURE.

226 Observations sur les Arts, & sur quelques morceaux de Peinture & de Sculpture exposés au Louvre en 1748, où il est parlé de l'utilité des embellissemens dans les Villes— Essai sur la Peinture, la Sculpture & l'Architecture. 1748 & 1751, *in*-12.

227 Réflexions sur la Poësie & la Peintnre, par Dubos. 1733, 3 *vol. in*-12.

228 Réflexions sur l'état présent de la Peinture en France. 1747, 2 *vol. in*-12.

229 Recherches sur les beautés de la Peinture, traduit de l'anglais, de Daniel Webb, par Bergier. *Paris*, *Briasson*, 1765, *in*-12.

230 Traité de la Peinture par Richardson. *Amst.* 1728, 3 *vol. in*-8.

231 Dictionnaire de Peinture & d'Architecture. *Paris*, *Barrois*, 1746, 2 *vol. in*-12.

232 Principes de l'Architecture, de la Sculpture & de la Peinture, par Felibien. *Paris*, *Coignard*, 1697, *in*-4. *fig.*

233 Essai sur l'Architecture, par Laugier. 1753, *in*-12.

ART GYMNASTIQUE.

234 La Danse ancienne & moderne, ou traité historique de la Danse, par Cahusac. 3 *vol. in*-12. *reliés en un petit format.*

235 L'Art de Nager démontré par figures, avec des avis pour se baigner utilement, par Thévenot. *Paris*, 1696, *in*-12. *fig.*

236 Le Guide du Cavalier, par Garsault. 1770, *in*-12. *figures.*

237 Connoissance parfaite des Chevaux, maniere de les gouverner, & entretenir en santé, avec l'art de monter à cheval & de dresser les chevaux de manège. *Paris*, *veuve Ribou*, 1730, *in*-8. *fig.*

BELLES-LETTRES.

INTRODUCTION.

238 COURS de belles Lettres, par Batteux, 1747, 4 *vol. in*-12.

GRAMMAIRES ET DICTIONNAIRES.

Indroduction à l'étude des langues.

239 Essai sur introduction générale & raisonnée à l'étude des langues, par Barletti de Saint Paul. *Paris*, 1757, *in*-12.

240 Les élémens primitifs des langues, découverts par l'Abbé Bergier, 1764, *in-12*.
241 La méchanique des langues & l'art de les enseigner, par l'Abbé Pluche, 1751, *in 12*.

Langues Grecque & Latine.

242 Le Jardin des racines grecques, mises en vers Français. *Paris*, *Le Petit*, 1707, *in-12. dor. sur tr.*
243 Novitius seu Dictionnarium Latino-Gallicum, schreveliana methodo digestum, auth. Lud. Magniez. *Paris* 1721, 2 *vol. in-4*.

Langue Française.

244 Grammaire de Port-Royal, par Duclos, 1754, *in-12*.
245 Les vrais principes de la langue Françoise, par Girard, 2 *vol. in-12. v. f.*
246 Synonimes français, du même, *in-12. v. f.*
247 Prosodie française de l'Abbé d'Olivet, 1736, *in 12. v. f.*
248 Des Tropes, par Dumarsais, 1730, *in-8*.
249 Le livre jaune, contenant quelques conversations sur les Logomachies, c'est-à-dire, sur les disputes de mots, abus de termes, &c. *Basle*, 1748, *in-8. imp. en papier jaune.*
250 Dictionnaire étimologique de la langue française, par Ménage, nouvelle édition publiée par Jault. *Paris*, *Briasson*, 1750, 2 *vol. in fol.*
251 Dictionnaire de l'Académie Française, derniere édition, 1762, 2 *vol. in-fol.*
252 Dictionnaire de Trévoux, 1752, 7 *vol. in-fol.*
253 Manuel Léxique, de l'Abbé Prévost, 1755, 2 *vol. in-8*.
254 Dictionnaire des proverbes français, & des façons de parler comiques, burlesques & familiéres. *Paris*, *Savoye*, 1748, *in-8*.
255 Dictionnaire comique, satyrique, critique, burlesque, libre & proverbial, par le Roux, *Amst. Chatelain*, 1750, *in-8*.

Langue Italienne.

256 Della lingua Toscana, di Benedetto Buommattei. *In Firenze*, 1714, *in-4*.
257 — Il Medesimo libro, in Verona 1744, *in-4*.
258 Le Prose di Pietro Bembo, nelle quali si ragiona della

volgar lingua. *In Vinegia*, 1575, *in 12. velin.*

259 Vocabolario degli Academici della Crusca. *in Venezia*, 1741, 5 *vol. in-4.*

260 Vocabolario compendiato degli Academici della Crusca. *In Venezia*, 1741, 5 *vol. in-4.*

261 Ortographia moderna, Italiana, per uso del Seminario di Padova. *In Padova*, 1747, *in-4.*

262 Méthode de MM. de Port-Royal, pour apprendre en peu de temps la langue Italienne. *Paris*, *Denis Thiery*, 1696, *in-12.*

263 Le Maître Italien, par Véneroni. *Paris*, 1745, *in-12.*

264 Grammaire Italienne d'Antonini. *Paris*, 1746, *in-12.*

265 Méthode Italienne, par Bertera. *Paris*, 1747, *in-12.*

266 L'art d'apprendre parfaitement la langue Italienne, par l'Abbé Bencirechi. *Vienne*, 1764, *in-12.*

267 Dictionnaire Italien & Français, par Nathanael Duez. *Leyde*, *Elsevier*, 1660, 2 *vol. in-8.*

268 Dictionnaire Italien & Français, de Véneroni, 2 *vol. in-4. rel. en un.*

269 Dictionnaire Italien, Latin & Français, par l'Abbé Antonini. *Paris*, *Vincent*, 1735, 2 *vol. in-4. velin.*

Langue Anglaise.

270 Grammaire Anglaise, de Boyer, revüe & corrigée, par Flint. 1756, *in-12.*

Rhétorique, Eloquence, Orateurs, &c.

271 Rhétorique Française à l'usage des jeunes Demoiselles. *Paris*. 1746, *in-12.*

272 Recherches sur le style, par le Marquis Beccaria, traduit de l'italien. *Paris*, *Molini*, 1771, *in-12. double.*

273 Œuvres de Toureil. *Paris*, *Brunet*, 1721, 2 *vol. in-4.*

274 Recueil de Discours prononcés dans l'Académie Française. *in-4.*

—Oraison funèbre du Cardinal de Fleuri, par Neuville. *in-4.*

275 Oraisons funèbres de Fléchier. *in-12.*

POÉSIE.

POÉSIE ÉPIQUE.

Introduction à la Poësie.

276 Réflexions sur la Poësie en général. *La Haye*, 1734, *in-8.*

277 Traité du Poëme épique, par le Pere le Bossu. *Paris*, 1675, *in-12.*

POETES ANCIENS.

Poëtes Grecs.

278 L'Iliade & l'Odissée d'Homère, traduite en Français, avec des remarques, par Madame Dacier. *Paris* 1741, 8 *vol. in-12.*

279 Iliade e Odissea d'Omero, tradotta dall'original greco in versi sciolti ital. da Ant. Maria Salvini. *in Padova*, 1742, 2 *vol. in-8.*

280 Hesiodi, Ascrœi, Orphei & Procli, opera quæ extant gr. lat. & ab Ant. Maria Salvini in Italam linguam translata, accurante Antonio Zanolini. *Patavii*, 1747, *in-8.*

281 Olimpici di Pindaro, tradotti in Italiane Canzoni, ed illustrate, con postille da Gian-Battista Gautier. *in Roma*, 1762, *in-8.*

282 Anacreonte, tradotto d'all'original greco in verso Toscano, da vari uomini illustri, con le sonetti del Signor Francesco Redi. *in Firenze*, 1723, *in-12. petit format.*

Poëtes Latins.

283 Lucrèce, traduction nouvelle, par la Grange, le latin à côté, avec des notes. *Paris*, *Bleuet*, 1768, 2 *vol. in-8. gr. pap. fig. veau éc. d. s. tr.*

284 Di Tito Lucrezio caro, della natura delle cose libri sei, tradotti da Alessandro Marchetti. *in Londra*, *Pickard*, 1717, *in-8.*

285 Di tito Lucrezio caro, della natura delle cose libri sei, tradotti dal latino il Italiano, da Alessandro Marchetti, di nuovamente in luce da Francesco Gerbault. *in Amsterdamo* (*Parigi*), 1754, 2 *vol. in-8. fig. gr. pap. maroq. r.*

286 Di Tito Lucrezio caro, della natura delle cose libri sei, tradotti da Alessandro Marchetti. *in Londra* (*Parigi*), 1761, 2 *vol. in-12 rel. en un*, *veau f. d. s. tr.*

287 Virgilii (Pub. Mar.) opera, ex recensione nic. Heinsii. *Amst. Henri Dusauzet*, 1724, *in-12. petit format.*

288 — Eadem, curis & studio Stephani Andr. Philippe. *Parisiis*, *Coustelier*, 1745, 3 *vol. in-12. v. f. d. s. tr.*

289 — Eadem. *Birminghamiæ*, *Typis*, *Joh. Baskerville*, 1757, *in-4. édit. princeps.*

290 — Eadem. *Birminghamiæ*, *Typis Joh. Baskerville*, 1766, *in-8. maroq. r.*

291 — Eadem, ex codice mediceo Laurentiano descripta ab Antonio ambrogi, italico versus reddita; adnotationibus atque variantibus lectionibus & antiquissimi codicis vaticani picturis, pluribusque aliis veterum monumentis ære incisis, & cl. virorum dissertationibus illustrata. *Romæ*, *Monaldini*; 1763, 3 *vol. in fol. v. éc. d. s. tr.*

292 Œuvres de Virgile, traduites en Français, le texte à côté, avec des remarques, par l'Abbé Desfontaines. *Paris*, *Quillau*, 1743, 4 *vol. in-8. v. f.*

293 Les Géorgiques de Virgile, traduction nouvelle en vers français, le latin à côté, avec des notes, par l'Abbé de Lille. *Paris*, *Bleuet*, 1770, *in-8. gr. pap.*

294 L'Eneide di Virgilio del Commendatore Annibal Caro, edizione del sig. Conti. *In Parigi*, *Vedova Quillau*, 1760, 2 *vol. in-8. fig. v. f. d. s. tr.*

295 Horatii (Quinti Flacci) opera, curis & studio Stephani Andr. Philippe. *Lut. Paris. Coustellier*, *in-12. d. s. tranche.*

296 — Eadem Horatii opera. *Birminghamiæ*, *Typis*, *Joh. Baskerville*, 1770, *in-4. gr. pap. v. f. d. s. tr.*

297 — Eadem. *Birminghamiæ*, *Baskerville*, 1762, *in-12. maroq. r. doublé en tabis bleu.*

298 Œuvres d'Horace, en latin & en français, avec des remarques critiques & Historiques, par Dacier. *Paris*, *Ballard*, 1719, 10 *vol. in-12.*

299 Orazio, le Poesie, ridotto in versi Toscani, e altre opere di Stefano Benedetto Pallavicini, publicate per Francesco Algarotti. *In Venezia*, 1744, 4 *vol. in-8.*

300 Epistole Eroiche di Ovidio nasoni, tradotte da Remigio Nannino Fiorentino, publicate per il signor Conti. *in Parigi*, *Durand*, 1762, *in-8. v. f. d. s. tr.*

301 Elegie scelte di Tibullo, Properzio, ed albinovano tradotte in terza rima da oresbio agieo, con annotazioni di

Gio Girolamo Carli. *in Lucca*, 1745, *in-4. parche.*

302 Juvenalis & Persii satyrœ. *Birminghamiœ*, *Typis*, *Joh. Baskerville*, 1761, *in-4. gr. pap. v. f. d. s. tr.*

303 — Eadem satyrœ, ex recognitione Steph. And. Philippe. *Lut. Parisiis*, *Grangé*, 1747, *in-12. maroq. bleu*,

304 Satyres de Perse & de Juvenal, trad. par le Pere Tarteron, le latin à côté. *Paris*, 1714, *in-12.*

305 Martialis (Val) Epigrammata, cum notis farnabii & variorum. *Lugd. Batav. Haack*, 1670, *in-8.*

306 Les Pastorales de Némésien & de Calpurnius, traduites en français, avec des remarques & un discours sur l'Eclogue, par Mairault. *Bruxelles*, 1744, *in-8. petit format.*

Poëtes Latins modernes.

307 Buchanani (Georgii Scoti), Poemata quæ extant. *Amst. Henr. Wetstein*, 1687, *in-24.*

308 Bezœ (Théodori) Vezelii, Poemata. *petit vol. in-24. sans datte.*, *maroq citron.*

309 Poemata Didascalica, nunc primum vel édita vel collecta. *Parisiis*, 1749, 3 *vol. in-12.*

310 La Callipédie ou la maniere d'avoir de beaux enfans, traduit du poëme latin de Claude Quillet. *Paris*, *Durand*, 1749, *in-8.*

POÉSIE FRANÇAISE,

Introduction.

311 Poëtique Françaiſe, par M. Marmontel. *Paris*, 1763, 2 *vol. in-8.*

312 Poëtique Françaiſe à l'uſage des Dames. *Paris*, 1749, 2 *vol. in-8. petit format.*

313 Connoiſſance des beautés & des défauts de la poëſie & de l'éloquence dans la langue Françaiſe. *Londres* (*Trévoux*), 1749, *in-12.*

314 Raiſonnemens haſardés ſur la Poëſie Françaiſe. *Paris*, 1737, *in-12.*

Poëtes Français, anciens & modernes.

315 Les Œuvres de François Villon, Guillaume Coquillart, Poëſies de Martial de Paris, farce de Patelin, Légende de Faifeu, Poëſies de Guillaume Cretin, & Œuvres de

J. Marot. *Paris*, *Coustelier*, 1723 & 1724, 8 *vol. in*-12.

316 Œuvres de Clément Marot, avec les ouvrages de J. Marot son pere, & ceux de Michel Marot son fils, nouvelle édition publiée avec des notes & des observations, (par M. l'Abbé Lenglet Dufresnoy, sous le nom de Gordon de Percel). *La Haye*, *Gosse & Neaulme*, 1731, 4 *vol. in* 4. *d. s. tr.*

317 — Les mêmes. *La Haye*, 1731, 6 *vol. in*-12.

318 Satyres & autres œuvres de Mathurin Regnier, *suivant la copie imprimée à Paris*, 1642, *petit vol. in*-24.

319 — Les mêmes satyres de Regnier & autres œuvres, avec des remarques. *Londres*, 1729, *in*-4. *gr. pap.*

320 Les Œuvres de Fr. Malherbe. *Paris*, *Barbou*. 1723, 3 *vol. in*-12.

321 Poésies de Malherbe, rangées par ordre chronologique, avec un discours sur les obligations que la langue & la poésie Française ont à Malherbe, & des remarques historiques & critiques, par M. de Querlon. *Paris*, *Barbou*, 1757, *in*-8.

322 Les Œuvres d'Honorat de Beuil, Marquis de Racan. *Paris*, *Coustelier*, 1724, 2 *vol. in*-12.

323 Recueil des plus belles pieces des poëtes français, depuis Villon jusqu'à Benserade. *Paris*, 1752, 6 *vol. in*-12. *petit format.*

324 Recueil de pieces galantes de la Comtesse de la Suse & Pelisson. 4 *vol. in*-12.

325 Œuvres de Madame & Mademoiselle Deshoulieres, 1747, 2 *vol. in*-12.

326 Fables & Contes de la Fontaine. 2 *vol. in*-12. *petit format.*

327 Œuvres complettes du même, J. de la Fontaine. *Anvers*, 1726, 3 *vol. in*-4. *encadrés.*

328 Œuvres de Boileau Despréaux, avec les notes & les éclaircissemens historiques de M. Brossette, par M. de Saint Marc. *Paris*, *David*, 1747, 5 *vol. in*-8. *fig.*

329 Poësies de M. de la Monnoye. *La Haye*, 1716, *in*-8. *p. f.*

330 Œuvres de l'Abbé de Chaulieu. *Paris*, *David*, 1750, 2 *vol. in*-12. *p. f.*

331 Poësies du P. Sanlecque. *Harlem* 1726. — Lettres sur l'Opéra. *Paris*, *Didot*, 1741, *in*-12. *v. f.*

332 Fables nouvelles, par Houdar de la Motte. *Paris*, 1719, *in*-4.

333 Œuvres de Jean-Baptiste Rousseau, nouvelle édition

revue, corrigée & augmentée sur les manuscrits de l'auteur, par l'Abbé Ségui. *Bruxelles*, (*Paris*, *Didot*), 1745, 3 *vol. in-4. gr. pap. v. f.*

334 — Les mêmes, *Paris*, *Didot*, 1743, 4 *vol. in-12.*

335 — Les mêmes, 1748, 5 *vol. in-12. p. f.*

336 Œuvres de Gresset. *Londres*, (*Paris*), 1748, 2 *vol. in-12.*

337 Poésies diverses du P. Ducerceau. *Paris*, 1726, *in-8.*

338 Œuvres de Vergier. *Lausanne*, (*Paris*), 1750, 2 *vol. in-12. p. f.*

339 Les trois chiens, Conte en vers. — Pirrhus, trag. de Crébillon. — Momus fabuliste, comed. de Coustelier. — Le Conseil de Momus & la revue de son Poëme Calotin, *in-8.*

340 Le vice puni, ou Cartouche, Poëme par Grandval, avec le Dictionnaire argot-français. — Essai sur la critique, trad. de l'Anglais, de Pope, en vers français, par l'Abbé du Resnel. — La grace, poëme de Racine, *in-8.*

341 L'Anti-Lucrèce, poëme sur la Religion naturelle, trad. du Latin, du Card. de Polignac, par Bougainville. *Paris*, *Guerin & de la Tour*, 1749, 2 *vol. in-8. gr. pap.*

342 — Le même. *Paris*, 1754, 2 *vol. in-12. p. f. dor. sur tr.*

343 La Religion, Poëme de Racine, *in-8.*

344 La Henriade de Voltaire, 1746, 2 *vol. in-12. p. f.*

345 Œuvres de Grécourt, 1745, 4 *vol. in-12. reliés en deux. p. f.*

346 Poésies de l'Abbé de Bernis. — Les mariages assortis, comed. — Mérope, traged. de Voltaire, *in-8.*

347 Œuvres de l'Abbé, depuis, Card. de Bernis. *Londres* (*Paris*), 1767, 2 *vol. in-8. p. f. rel. en un. v. f.*

348 Fables de Richer, 1748. *in-12.*

349 L'Art de peindre, poëme par Watelet. *Paris*, 1760 *in-8. p. f. v. f. dor. sur tr.*

350 — Le même, *in-4. fig. gr. p. v. f. dor. sur tr.*

351 Les Saisons, de Saint Lambert 1769, *in-8. fig.*

352 Olivier, poëme en prose, 1763, *in-12.*

353 Les jardins, ou l'art d'embellir les paysages, poëme par l'Abbé de Lille. *Paris*, *Valade*, 1782, *in-8. gr. p.*

354 Graves observations sur les bonnes mœurs, par le frere Paul, Hermite. — La vie de David Hume. — Carthon, poëme trad. de l'Anglais. — Oraison funèbre de Louis XV, par l'Abbé Vanmal, *in-8.*

355 La Pléïade françaiſe, ou l'eſprit des ſept plus grands poëtes. *Berlin* (*Paris*), 1754, 2 *vol. in*-12. *p. f.*

POETES ETRANGERS.

Poésie Italienne.

Introduction.

356 Iſtoria della Volgar Poëſia, ſcritta da Gio. Mar. Creſcimbeni. *In Venezia*, 1731, 6 *vol. in*-4.

357 Della novella Poëſia, Cioe del vero genere e particolari Bellezze della poeſia Italiana, di Bechelli, in verona, 1732, *in*-4.

358 Della perfetta poëſia Italiana da Lodov. Ant. Muratori, con le Annotazioni critiche dell' abate Ant. Maria Salvini. *In Venezia*, 1748, 2 *vol. in*-4.

Poëtes Italiens, anciens & modernes.

359 Dante (Il) Alighieri, con l'eſpoſitioni di Criſtoforo Landino, & d'Aleſſandro Vellutello, con tavole, argomenti e allegorie, & riformato, riveduto per fr. Sanſovino. *In Venetia*, *Marchio Seſſa & Fratelli*, 1578, *in-fol.*

360 — Del medeſimo, la commedia, tratta da quella che publicarano gli Académici della Cruſca l'anno 1595, con una dichiarazione del ſenſo letterale. *In Venezia*, *Paſquali*, 1739, 3 *vol. in*-8.

361 L'Enfer, poëme du Dante, trad. de l'Italien, par le Comte de Rivarol. *Londres*, (*Paris*, *Cuſſac*), 1788, *in*-8. *br.*

362 Petrarca (Il). *In Lione*, *Detournes*, 1547, *in*-24.

363 Petrarca (Il), con l'eſpoſitione d'Aleſſandro Vellutello, di novo riſtampato, con le figure a i triomphi, e con piu coſe utili in varii luoghi aggiunte. *In Vinegia*, *Gabriel Giolito*, 1547, *in*-4. *vel.*

364 — Il medeſimo libro, nuova edizione, 1552, *in*-4. *velin.*

365 Le Rime del medeſimo Petrarca, brevemente ſpoſte, per Lodovico Caſtelvetro. *In Baſilea*, *ad Iſtanza di Pietro de Sedabonis* 1582, *in*-4. *mar. bleu.*

366 Orlando furioſo di Meſſer Lodovico Arioſto noviſſimamente alla ſua integrita ridotto & ornato di varie figure, con alcune

alcune ſtanze di Aluigi Gonzaga. *In Venezia*, *Gabr. Giolito*, 1544, *in-4. vel.*
367 Orlando furioſo del medeſimo Lod. Arioſto, tutto ricorreto, & di nuove figure adornato; con le annotazioni, Awertimenti & Dichiarationi di Ruſcelli, &c. *In Venezia*, *Gli Heredi di Vincenſo Valgriſi*, 1580, *in-fol. vel.*
368 Orlando furioſo del medeſimo Lod. Arioſto, delle Annotazioni dè piu celebre autori che ſopra eſſo hanno ſcritto, e di altre utili, e vaghe Giuate in queſta impreſſione adornato. *In Venezia*, *Stefano Orlandini*, 1730, 2 *vol. in-fol. fig.*
369 Orlando furioſo del medeſimo Lod. Arioſto. *In Parigi Prault*, 1746, 4 *vol. in-12. p. f.*
370 — Il medeſimo, 4 *vol. in-12. p. f. v. f. d. ſ. tr.*
371 Orlando furioſo del medeſimo Lod. Arioſto. *Birmingham. Typis Joh Baskerville*, 1773, 4 *vol. in-8. gr. pap. fig. v. f. d ſ. tr.*
372 Le divin Arioſte, ou Roland le furieux, trad. nouvellement en Français, par François de Roſſet. *Paris*, *Sommaville*, 1644, *in-4.*
373 Roland furieux, poëme héroïque de l'Arioſte, traduction nouvelle, par Mirabeau. *La Haye*, *Goſſe*, (*Paris*), 1741, 4 *vol. in-12.*
374 Roland furieux, poëme héroïque de l'Arioſte, traduction nouvelle du Comte de Treſſan. *Paris*, *Piſſot*, 1780, 4 *vol. in 12.*
375 Opere varie di Lodovico Arioſto. *In Parigi*, *Mich. Lambert*, 1776, 3 *vol. in-12. p. f.*
376 Orlando innamorato di Matteo M. Bojardo, rifatto da Franceſco Berni. *Parigi*, *Molini*, 1768, 4 *vol. in-12.*
377 Nouvelle trad. de Roland l'Amoureux de Matteo Maria Boyardo, Comte de Scandiano. *Paris*, 1721, 2 *vol. in-12. figures.*
378 Roland l'amoureux de Matteo Maria Boyardo, Comte de Scandiano, traduction nouvelle, par le Comte de Treſſan, *Paris*, *Piſſot* 1780, *in-12.*
379 Gieruſalemme liberata, poema eroico di torquato Taſſo. *In Parigi*, *Prault*, 1744, 2 *vol. in-12. p. f. v. f. d. ſ. tr.*
380 — La Medeſima, colle oſſervazioni di Niccolo Cianculo, e di Scipio Gentili. *Niſmes*, *Gaude*, 1764, 2 *vol. in-8.*
381 — La Medeſima Gieruſalemme liberata, edizione del ſig. Conti. *In Parigi*, 1771, 2 *vol. in-8. gr. pap. fig. de Gravelot.*
382 La Jéruſalem delivrée, poëme héroïque du Taſſe, nou-

vellement trad. par Beaudouin, *avec les figures de Lasne. Paris, Matthieu Guillemot*, 1620, *in 8. parch.*

383 La Jérusalem délivrée du Tasse, trad. par Mirabeau. *Paris, Barrois*, 1724, 2 *vol. in*-12.

384 Il Goffredo, poema eroico del Signor Torquato Tasso, con gli argomenti del Sig. Gio. Vicenzo Imperiale. *In Padova*, 1749, *in*-12. *p. f. fig.*

385 La Secchia rapita, poema Eroicomico di Alessandro Tassoni, edizione del Signor Co: ti. *In Parigi, L. Prault e Piet. Durand*, 1766, 2 *vol. in*-8. *gr. pap. fig. de Gravelot, mar. r.*

386 La Secchia rapita. Le seau enlevé, poëme héroi-comique du Tassoni, Italien & Français. *Paris, de Luyne*, 1678, 2 *vol in*-12. *v. f. d. s. tr.*

387 Nimfale Fiesolano nel quale si contiene l'innamoramento di Affrico e Mensola; Poëmetto in ottava rima di Giov. Boccaccio. *Londra*, (*Parigi, Molini*), 1778, *in*-8.

388 Le Rime di Pietro Bembo, con le Annotationi di Francesco Sansovino. — Le Satire di Lodovico Ariosto, rivedute & corrette per Francesco Sansovino. *In Venezia, Rampazetto* 1564, 2 *ouvrages reliés en* 1 *vol. in*-12. *vel.*

389 . . . .

390 Ricciardetto di Niccolo Carteromaco. *In Parigi, Fr. Pitteri*, 1738, 2 *vol. in*-12.

391 — Il Medesimo libro. *In Parigi, Fr. Pitteri, in*-4. *gr. p.*

392 Il Torracchione desolato di Bartolommeo Corsini, con alcune Spiegazioni de l'Aggiunta del suo Anacreonte Toscano. *Londra*, (*in Parigi*), *Prault*, 1768, 2 *vol. in*-12. *petit format.*

393 Bertholdo con Bertoldino e Cacasenno, in ottava rima, aggiuntavi una traduzione in lingua Bolognesa. *in Bologna, Lelio dalla Volpe*, 1741, 3 *vol. in*-12.

394 Il malmantile racquistato di Perlone Zipoli, (Lorenzo Lippi) colle note di Puccio Lamoni (Paolo Minucci). *in Firenze*, 1750, 2 *vol. in*-4.

395 Poësie Toscane di Niccolo Madrisio. *in Padova*, 1713, *in*-12.

396 Poësie Volgari e latine di Cornelio Castaldi da feltre. *in Londra*, (*Parigi, Prault*), 1757, *in*-12. *br.*

397 Satire del Cavalier dotti. *Ginevra*, 1757, *in*-12.

398 Poësie del Dottor Tommaso Crudeli. *in Napoli*, 1767, *in*-8.

399 La Cantica delle cantiche, Volgarizzata in ottava rima e in prosa, da Carlo Francesco Badini. *in Roma*, *in*-8. *broché*.

400 Il Podere di Luigi Tansillo. *in Torino*, 1769, *in*-8. *broché*.

401 Canzonette anacreontiche di lindoro Elateo, Pastore Arcade. *in Firenze*, 1723, *in*-8.

402 Bacco in Toscana, Ditirambo di Francesco Redi, con le annotazioni. *in Firenze*, 1685, *in*-4, *parch*.

403 Componimenti diversi di Carlo Goldoni. *in Venezia*, *Pasquali*, 1764, *in*-8. *tomo primo*.

404 Il Cinto di Venere. La Ceinture de Vénus, poëme en l'honneur du mariage de Monseigneur le Dauphin avec Marie-Antoinette d'Autriche, par Dom Ant. de Gennaro, Duc de Belforte. *Naples*, (*Paris*, *Molini*), 1770, *in*-8. *br*.

405 Favole e novelle di Lorenzo Pignotti. *Londra* (*Parigi Molini*), 1784, *in*-12.

Poëtes Anglais.

406 Il paradiso Perdutto, poëma Inglese di Giovani Milton, tradotto in verso sciolto dal signor Paolo Rolli, con le annotazione di G. Adisson. *in Parigi*, 1740, 2 *vol*. *in*-12.

407 — Il medesimo. *in Parigi*, 1742, *in-fol*.

408 Les principes de la morale & du goût, ou essai sur l'homme, avec l'essai sur la critique, traduit de l'anglais de Pope, par l'Abbé du Resnel; & la boucle de cheveux enlevée, trad. par l'Abbé Dessontaines. *Paris*, 1745, *in*-12.

409 Les Saisons, poëme, traduit de l'Anglais, de Thompson. *Paris*, 1759, *in*-8. *fig. petit format*.

Poëtes Portugais.

410 La Luziade du Camoens, poëme héroïque, traduit du Portugais, par Duperon de Castera. *Amst.* (*Paris*), 1735, 3 *vol*. *in*-12. *v. f.*

Poëtes Allemands.

411 Idilles & Poëmes champêtres de Gessner, traduits de l'Allemand, par Huber. *Lyon*, 1762, *in*-12.

Poésie Dramatique.

Poëtes Dramatiques anciens, Grecs & Latins.

412 Théâtre des Grecs, par le P. Brumoy. *Paris*, 1730, 3 *vol. in*-4. *v. f.*

413 Tragédies de Sophocle, traduit par Dupuy. *Paris*, 1762, 2 *vol. in*-12.

414 Œdipe, tragédie de Sophocle, & les oiseaux, comédie d'Aristophane, traduites par Boivin. *Paris*, 1729, *in*-12.

415 Tragedie di Euripide, tradotti del greco in versi italiani, per P. Carmeli. greco-italiane. *in Padova*, 1743, 10 *vol. in*-8.

416 Reso, di Euripide, tragédia undecima. — Le Trojana, tragédia duodécima, tradotti per Carmeli. *in Padova*, 1749 & 1751, *in*-8.

417 Tragedie transportate dalla greca nell italiana favella da Cristoforo Guidiccioni. *in Lucca*, 1747, *in*-4.

418 Comédies de Plaute, traduites en français, le latin à côté, avec des remarques, & un examen selon les règles du Théâtre, par Mademoiselle le Fevre, depuis Madame Dacier. *Paris*, 1683, 3 *vol. in*-12.

419 Œuvres de Plaute, traduction nouvelle, le latin à côté, par Limiers. *Amst.* 1719, 10 *vol. in*-12, *fig.*

420 Les Comédies de Térence, avec la traduction, & des remarques de Madame Dacier. *Rotterdam, Gaspard Fritsch*, 1717, 3 *vol. in*-12. *fig. au trait de Picart.*

421 — Les mêmes Comédies de Térence, de Madame Dacier, nouvelle édition. *Amst. Wetstein.* 1724, 3 *vol. in*-12. *fig. au trait.*

Poetes Dramatiques Français.

Introduction.

422 Histoire du Théâtre Français, depuis son origine jusqu'à présent, (par MM. Parfait), *Paris*, 1745, 15 *vol. in*-12. *v. f.*

423 Abrégé de l'Histoire du Théâtre Français, par le Chevalier de Mouhy. *Paris*, 1780, 3 *vol. in*-8.

424 Tablettes Dramatiques, par le même Chevalier de Mouhy. 1752, *in*-8.

425 Bibliothêque des Théâtres, contenant le Catalogue alpha-

bétique de toutes les pieces dramatiques, & le tems de leurs représentations. *Paris*, 1733, *in*-8.

426 Réflexions historiques & critiques sur les différens Théâtres de l'Europe, avec des pensées sur la déclamation, par Louis Riccoboni. *Paris*, 1738, *in*-8.

427 De la réformation du Théâtre, par le même. 1743, *in*-12.

428 Observations sur la Comédie & le génie de Moliere, par le même. *Paris*, 1736, *in*-12.

429 L'art du Théâtre, par François Riccoboni, fils du précédent. *Paris*, 1750, *in*-8.

430 Le Comédien, par Rémond de Sainte Albine. *Paris*, 1739, *in*-8.

Théâtres.

431 Le Théâtre de Pierre & Thomas Corneille. *Paris*, 1738, 12 *vol. in*-12.

432 Le Théâtre de Pierre Corneille, avec le commentaire de Voltaire. *Genêve*, 1764, 12 *vol. in*-8. *fig. de Gravelot*, *la belle édition.*

433 Œuvres de Moliere. *Paris*, 1734, 6 *vol. in*-4. *fig. de Boucher*, *v. f. d. s. tr.*

434 — Les mêmes Œuvres de Moliere. *Paris*, 1749, 8 *vol. en*-12. *p. f. fig. v. f.*

435 Théâtre de Boursault, 1725, 3 *vol. in*-12.

436 Œuvres de J. Racine. *Amst. J. Fred. Bernard*, 1743, 3 *vol. in*-12. *fig. d. s. tr.*

437 — Les mêmes. *Paris*, 1750, 3 *vol. in*-12. *petit format.*

438 — Les mêmes. *Paris*, 1760, 3 *vol. in*-4. *gr. pap. fig. v. d. s. tr.*

439 Théâtre de Quinault. *Amst. Schelte*, 1697, 2 *vol. in*-12. *p. f. fig.*

440 — De Poisson, 1679, *in*-12.

441 — De Montfleury. 1705, 2 *vol. in*-12.

442 — De Baron. 1736, 2 *vol. in*-12.

443 — De Campistron, 1739, 2 *vol. in*-12.

444 — De Regnard & autres œuvres. 1750, 4 *vol. in*-12. *p. f.*

445 — De Brueys. 1735, 3 *vol. in*-12.

446 — De Palaprat. 1735, *in*-12.

447 — De Dufreny, avec les amusemens sérieux & comiques, & autres œuvres. 1731, 6 *vol. in*-12.

448 — De Dancourt. 1729, 9 *vol. in*-12.

449 — D'Autreau. 1749, 4 *vol. in*-12. *reliés en* 3.
450 — De Destouches. 1745, 5 *vol. in*-12.
451 — Les mêmes œuvres de Destouches. *Imprimerie Royale*, 1757, 4 *vol. in*-4.
452 — De Crébillon, 1749, 3 *vol. in* 12. *p. f.*
453 — De Piron. 1758, 3 *vol. in*-12. *fig. de Cochin.*
454 — De Sainte Foix. 1762, 4 *vol. in*-12. *reliés en* 3.
455 — De M. de ***. *Paris*, *Duchesne*, 1753, *in*-12.

Collections de pièces de Théâtre, & autres séparées.

456 Théâtre Français, ou recueil des meilleures pieces de Théâtre. *Paris*, *Gandouin*, 1737, 12 *vol. in*-12.
457 Autre Recueil de pièces de Théâtre. en 14 *vol. in*-8. & *in*-12.
458 Mérope de Voltaire, avec quelques pieces de Littérature. — Démocrite, prétendu fou. — Les dégoûts du Théâtre, épitre en vers, *in*-12. *v. f.*
459 Débora, Tragédie chrétienne, 1706, *in*-12.
460 Sémiramis, — Oreste, — Samson, trois pieces de Voltaire, avec l'Eloge funèbre des officiers, les Mensonges imprimés, &c. *in*-12.
461 Mélanide, com. — Maximien, trag., toutes deux de la Chaussée. — Le Code lyrique, ou Réglement pour l'Opéra de Paris. — Ververt de Gresset, & autres pièces, *in*-12.
462 François II, drame en cinq actes, du Président Hénault, *in*-8.
463 Le Pere de famille, de Diderot, avec son Traité de la poësie dramatique, 1758, *in*-8.
464 Le Fils naturel du même, avec les Observations. — Panégirique de St.-Louis, par l'Abbé Vanmalle, *in*-8.
465 Les Philosophes, de M. Palissot, avec les Quand & la vision, *in*-12.
466 Le Barbier de Séville. — Le Mariage de Figaro, de Beaumarchais, *in*-8.

Théâtre Italien.

467 Histoire du Théâtre Italien, par L. Riccoboni. *Paris*, 1728, *in*-8. *fig.*
468 Le Théâtre Italien de Ghérardi, ou recueil des anciennes comédies italiennes. *Paris*, 1700, 6 *vol. in*-12.
469 Nouveau Théâtre Italien de L. Riccoboni. *Paris*, 1733, 2 *vol. in*-12.

470 Le nouveau Théâtre Italien, ou recueil des comédies représentées par les Comédiens Italiens, depuis leur rétablissement en 1716. *Paris*, 1733, 9 *vol. in*-12.

Théâtres de la Foire, des Boulevards, &c.

471 Mémoires pour servir à l'Histoire des spectacles de la Foire, 1743, 2 *vol. in*-12. *rel. en un.*
472 Théâtre des Boulevards, ou recueil de parades, &c. *Mahon* (*Paris*) 1756, 2 *vol. in*-12.

Théâtre Lyrique, ou Opéra.

473 Lettres sur l'Opéra. *Paris*, 1741. — Poésies du P. Sanlecque. *Harlem*, 1726, *in*-12.
474 Recueil général des Opéras, représentés par l'Académie Royale de Musique, depuis son etablissement, &c. *Paris*, 1703 & *suite*, 16 *vol. in*-12. *p. f.*
475 Recueil d'Opéras, *in*-4. *br.*

Poetes Dramatiques Etrangers.

Poëtes Dramatiques Italiens.

476 Aminta favola Boscarreccia di Torquato Tasso *In Parigi*, *Prault*, 1745, *in*-12. *p. f. v. f.*
477 L'Aminte du Tasse, pastorale traduite en vers libres, l'Italien à côté. *Paris*, *Quinet*, 1666, *in*-12. *fig.*
478 Il Pastor fido, Tragicomedia pastorale del Signor Battista Guarini, con una nuova aggiunta. *In Amst. Elzevier*, 1678, *in*-24. *fig.*
479 — Il Medesimo pastor fido, edizione nuova Arrichita di utilissime Annotazioni. *In Amsterdamo*, *Salomone Schouten*, 1736, *in*-4. *v. f. d. f. tr.*
480 — Il Medesimo pastor fido, Italien & Français. *In Parigi*, *Nyon*, 1759, 2 *vol. in*-12. *p. f.*
481 — Il Medesimo pastor fido. *In Parigi*, *Prault*, 1766, *in*-12. *p. f. vign. de Cochin.*
482 La Filli di Sciro, del conte Guido Ubaldo Bonarelli. *In Roma*, 1670, *in*-32. *vel.*
483 Cassaria, comedia di Lodov. Ariosto. — Li Suppositi comedia di Lod. Ariosto. — La Mandragola di Machiaveli. — Eutichia comedia di Nicolo Grasso. — Aristippia comed. — Formicone comedia di Filippo Mantavano. — La Calan-

dra, comedia di Bernardo divitio da Bibiena, *7 pieces en un vol. in-12. parch.*

484 La Mandragola, & Clizia, due comedie, & novella di Belfagor, del Segretario Fiorentino Machiaveli. *In Trajetto, Vande-Water*, 1733, *in-12.*

485 Medea, e Sejano, due Tragedie di Giovanni Artico, Conte di Porcia. *In Venezia*, 1721, *in-8.*

486 Alcide al Bivio. — Nitteti, due comedie, *in-12.*

487 Mérope, tragedia del Marchese Scipione Maffei, con le Annotazioni del Padre Sebastiano Pauli. *In Modena*, 1735, *in-4. p. f.*

488 Osservazioni Sopra la Merope del Signor Maffei, da Domenico Lazzarini di Morro, publicate per Francesco Benaglio. *In Roma*, 1743, *in-4.*

489 Ulisse il Giovane, tragedia del Signor abbate Domini Lazzarini. *Venezia*, 1743. — Rutzuanscad il Giovine, Arcisopratragichissima tragedia da Cattussio Panchianio Bubulco Arcade. *Venezia*, 1743 — La Sanese, comedia dell' Abbate Domenico Lazzarini. *In Venezia*, 1739, *in-12. p. f.*

490 La Zoccoletta Pietoza, comedia di chi la Scrisse. — Lucio Junio Bruto, tragedia del Signor Abate Conti. *Venezia*, 1743, *in-12.*

491 Marco Bruto — Druso — Lucio Junio Bruto, Tragedie del Signor Abate Conti. *Venezia*, 1743, 1744 & 1748, *in-8.*

492 Poesie Drammatiche di Apostolo Zeno. *In Venezia*, 1744, *10 vol. in-8.*

493 Demetrio, Tragedia, da Alphonso Varano di Camerino. *in Padova*, 1749, *in-4. fig.*

494 Il Tamburo nocturno, paraphrasi in versi sciotti della comedia del Signor Destouches. *In Firenze*, 1750, *in-8.*

495 Poesie Drammatiche del Signor abate Pietro Metastasio, Edizione del Signor Calsabigi. *In Parigi, Vedova Quillau*, 1755, *12 vol. in-8.*

496 — Le Medesime poesie drammatiche di Metastasio. Edizione del Signor Conti. *In Parigi, Pietro Durand*, 1773, *6 vol. in-12. p. f. d. f. tr.*

497 Tragédies-Opéras de l'Abbé Métastasio, traduites en français. *Vienne*, (*Paris*), 1751, *5 vol. in-12. rel. en trois. p. f.*

498 Affetta, commedia rusticale di Bartoloméo Mariscalco, arrichita d'un copioso indice d'altre comedie di questo, genere

genere, e d'una Spiegazione, per alfabeto di molte voci oscure o corrotte. *In Marocco* (*Parigi*, *Prault*), 1756. — Satire di Settano, tradotte in terza rima dallo Stesso autore ricavate del MS. Autographo; con la conversazione delle Dame di Roma, dialogo fra Pasquino e Marforio. *In Zurico*, 1760, *in*-8.

499 Commedie in versi, dell' abate pietro chiari, Bresciano. *In Venezia*, 1756, *in*-8. *double br.*

500 Prometeo assoluto, Serenata cantata in Vienna, in occasione del Felicissimo Parto, di S. A. Reale l'Arciduchessa Isabella. *In Vienna*, 1762, *in*-8. *br.*

501 Opere Drammatiche Giocose del Signor Dottore Carlo Goldoni. *In Torino*, 1757, 4 *vol. in*-12. *br.*

502 Commedie del Medesimo Carlo Goldoni. *In Venezia*, *Giam Battista Pasquali*, 1762, 17 *vol. in*-8. *br.*

503 Commedie di Gio Batista Fagiuoli, Fiorentino. *In Venezia*, 1753, 7 *vol. in*-12.

504 Théâtro comico Fiorentino. *In Firenze*, 1750, 6 *vol. in*-8.

Poëtes dramatiques Anglais.

505 Le Théâtre Anglais, trad. par M. de la Place. *Paris*, 1745, 8 *vol. in*-12.

506 Lettres sur le Théâtre Anglais, avec une traduction de l'avare, comed. de Shadwel, & de la Femme de Campagne, coméd., de Wicherley. (*Paris*), 1752, 2 *vol. in*-12.

507 Choix de petites piéces du Théâtre Anglais. *Paris*, *Prault*, 1756, 2 *vol. in*-12. *rel. en un.*

508 Le nouveau Théâtre Anglais, ou recueil des piéces les plus applaudies en Angleterre, &c. (*Par Mde. Riccoboni*) 1769, 2 *vol. in*-12.

509 Le marchand de Londres, ou Histoire de Georges Barnwell, tragédie bourgeoise, trad. de l'Anglais de Lillo. (*Paris*) 1748, *in*-12.

Poëtes dramatiques Espagnols.

510 Théâtre Espagnol (par M. Linguet) *Paris*, 1770, 4 *vol. in*-12.

MYTHOLOGIE.

511 Méthode pour apprendre l'histoire des faux dieux de

l'antiquité ; ou le panthéon mythique, trad. du latin du P. Pomey, par Tenand. *Paris*, 1732, *in*-12.

512 Métamorphoses d'Ovide, trad. en français par Du Ryer. *La Haye* (*Paris*), 1744, 4 *vol. in* 12. *fig.*

513 Dictionnaire de la Fable, par Chompré, 1740, *in*-12.

514 Explication historique des Fables, par l'Abbé Banier. *Paris*, 1715. 3. *vol. in*-12.

515 L'Origine des Dieux du Paganisme, & le sens des Fables découvert par une explication suivie d'Hésiode, par l'Abbé Bergier. *Paris*, 1767, 2 *vol. in*-12.

POÉSIE PROSAÏQUE.

Contes & Nouvelles.

516 Il Decameron di Messer Giovanni Boccacio. *in Amst.* 1665, 2 *vol. in*-12.

517 — Il medesimo. *Nouvellement réimprimé sous la datte de* 1527, *à Londres, chez Thomas Edlin, en* 1725, *in*-4. *v. m. d. s. tr.*

518 — Il medesimo. *in Londra*, 1727, 2 *vol. in*-12.

519 — Il medesimo, édizione del sig. Conti. *in Londra* (*Parigi*), 1757, 5 *vol. in*-8. *v. éc. d. s. t. figures de Gravelot.*

520 Contes & Nouvelles de Bocace Florentin, traduction libre, avec les figures de Romain de Hooge. *Cologne*, 1732, 2 *vol. in*.8. *p. f.*

521 — Les mêmes Contes & Nouvelles de Bocace, traduction libre. *La Haye* (*Paris*), 1733, 2 *vol. in* 12. *p. f.*

522 Il Pecorone di ser Giovanni Fiorentino, nel quale si contengono cinquanta novelle antiche, belle d'inventione & di stile. *in Milano*, 1554, *in*-8. *d. s. tr.*

523 Novelle di Matteo Bandello. *in Londra, Harding*, 1740, 4 *vol. in*-4. *d. s. tr.*

524 La prima e la seconda cena, novelle di Ant. Fr. Grazzini, detto il Lasca. *in Londra*, 1756, *in* 8. *d. sur tranche.*

525 La seconda cena del medesimo At. Fr. Grazzini, detto il Lasca. in Stambul, dell Egira 122. — Con le lettere scritte da Donna di Senno e di Spirito per Ammaestramento del suo amante. *Il Firenze*, 1747, *in*-8.

526 Novelliero Italiano. *in Venezia, Pasquali*, 1754, 4 *vol in*-8.

527 Contes & Nouvelles de Marguerite de Valois, Reine

de Navarre. *La Haye* (*Paris*), 1733, 2 *vol. in*-12. *p. f.*

528 Les Contes ou les nouvelles récréations & joyeux devis de Bonaventure Desperriers, Jacques Pelletier & Nicolas Denisot, nouvelle edition avec les notes historiques & critiques de M. de la Monnoye. *Amst.* (*Paris*), 1735, 3 *vol. in* 12. *p. f. dr. s. tr.*

529 Les cent Nouvelles Nouvelles, suivent les Cent Nouvelles contenant les cent Histoires nouveaux, qui sont moult plaisans à raconter en toutes bonnes compagnies, par manière de joyeuseté. *La Haye* (*Paris*), 1733, 2 *vol. in*-12. *p. f.*

Romans.

Introduction & Collections de Romans.

530 De l'usage des Romans, où l'on fait voir leur utilité & leurs caractères, avec une bibliothéque des Romans, accompagnée de remarques critiques sur leur choix & leurs éditions. (par l'Abbé Lenglet du Fresnoy, sous le nom de Gordon de Percel). *Amst.* (*Rouen*, *veuve de Poilras*), 173 , 2 *vol. in*-12.

531 Bibliothèque des Romans, ou extraits des meilleurs Romans, tant anciens que modernes, commencée en Juillet 1775, jusques & compris Mai 1780 seulement. 75 *vol. in*-12. *brochés.*

532 Traduction des meilleurs Romans grecs, latins & gaulois, extraits de la Bibliothèque des Romans. *Paris*, 1785, 2 *vol. in*-4.

533 Bibliothéque de campagne, ou choix de Romans, &c. *La Haye*, *Néaulme*, 1735, 12 *vol. in*-12.

Romans anciens traduits du Grec.

534 Les Amours de Théagênes & Chariclée, traduit du grec d'Héliodore, (par Jean de Montlyard, corrigées par d'Audiguier). *Paris*, *Coustelier*, 1743, 2 *vol. in*-12.

535 Les Amours pastorales de Daphnis & Chloé, trad. du Grec de Longus, (par Amyot, avec les notes de M. Falconet). *Paris*, *Coustelier*, 1731, *in*-8. *fig.*

536 — Les mêmes avec les notes. 1745, *in*-8. *p. f. fig. d. s. tr.*

537 Les Amours d'Abrocome & d'Anthia, traduit du grec de Xénophon, (par Jourdan). *Paris*, 1748, *in*-12. *fig.*

538 Amori di Abrocome e d'Anzia, di Senofonte efesio, tradotti dal greco, da Ant. Mar. Salvini. *in Londra*, 1757, *in*-12.

539 Amori di Cherea e di Callirroe, tradotti dal greco di Caritone Afrodisieo (da Francesco Pavini). *in Venezia*, 1755, *in*-8.

Romans de Chevalerie.

540 Corps d'Extraits de Romans de Chevalerie, par le Comte de Tressan. *Paris*, 1782, 4 *vol. in*-12.

541 Traduction libre d'Amadis de Gaule, par le même. (*Paris*), 1779, 2 *vol. in*-12.

542 Histoire de Don Quichotte de la Manche, avec la suite & les nouvelles avantures, traduite de l'espagnol de Michel de Cervantes, Alonzo Fernandez de Avellaneda, & Benengely, (par Filleau de Saint Martin & le Sage). *Paris, Ciousier*, 1741 & suite, 14 *vol. in*-12. *fig.*

543 Histoire du vaillant Chevalier Tiran le Blanc, trad. de l'Espagnol, (par le Comte de Caylus). *Londres*, (*Paris*), 4 *vol. in*-8. *reliés en* 2 *v. f.*

Romans Historiques, tant de France que des Pays étrangers.

544 Histoire secrette des femmes galantes de l'antiquité. *Amst.* 1726, 3 *vol. in*-12.

545 Anecdotes de la Cour de François Premier, par Mademoiselle de Lussan. *Londres*, (*Paris*), 1748, 3 *vol. in*-12.

546 Aventures du Baron de Fœneste, par Théodore Agrippa d'Aubigné, ayeul de Madame de Maintenon. *Cologne*, 1726, 3 *vol. in*-8.

547 Les Amours du grand Alcandre, par Mademoiselle de Guise, suivie de pièces intéressantes, pour servir à l'Histoire de Henri IV. *Paris, Didot l'aîné*, 1786, 2 *vol. in*-12. *pap. velin br.*

548 Histoire de Madame de Luz, anecdote du Règne d'Henri IV, (par Duclos). *La Haye*, 1741, *in*-12. *v. f.*

549 Histoire amoureuse des Gaules, par le Comte de Bussy-Rabutin. (*Paris*). 1749, *in*-12.

550 Marie d'Angleterre, Reine Duchesse, par Mademoiselle de Lussan. (*Paris*), 1749, *in*-12.

551 Hyacinte, nouvelle Espagnole, ou Histoire du Mar-

quis de Celtas d'Irotgo. *Paris*, 1740, 2 *vol. in-12. rel. en un.*

552 Inès de Cordoue, nouvelle Espagnole. *Paris*, 1696, *in-12.*

553 Mémoires de Madame de Barneveldt, (par l'Abbé Desfontaines). *Paris*, 1732, 2 *vol. in-12.*

554 L'Infortuné Napolitain, ou aventures de Rozelli. 2 *vol. in-12.*

555 Les amours de Valerie & de Barbarigo, par Galli de Bibiena. 1741, 2 *vol. in-12. rel. en un.*

556 Mémoires du Comte de Bonneval, (par M. de Mirone). *La Haye*, 1738, 3 *vol. in-12.*

Romans moraux.

557 Le Monde moral, ou Mémoires pour servir à l'Histoire du cœur humain, par l'Abbé Prévost. 1760; 2 *vol. in-12. rel. en un.*

558 Mémoires & aventures d'un homme de qualité, avec l'Histoire de Manon Lescaut, par le même. 1732, 7 *vol. in-12.*

559 Contes, aventures & faits singuliers, du même. 2 *vol. in-12.*

560 L'Elève de la nature. 1764, 2 *vol. in-12. rel. en un.*

561 La Force de l'éducation. 1750, *in-12.*

562 La force de l'exemple, par Bibiena, 2 *vol. in-12. rel. en un.*

563 Le Triomphe de l'amitié, 1751, *in-12.*

564 Mémoires de la Comtesse d'Horneville, ou réflexions sur l'inconstance des choses humaines. 1743, 2 *vol. in-12.*

565 Réflexions de M. T***, sur les égaremens de sa jeunesse.—Luxembourg apparu à Louis XIV—Oraison funèbre de Madame Tiquet. *in-12.*

566 Mémoires d'un honnête homme. *Dresde*, *Walther*, 1753. 2 *vol. in-12. rel. en un.*

567 Vie de Marianne, par Marivaux. 1741, 3 *vol. in-12. veau, fauve.*

568 Confessions de la Baronne de***, 2 parties,—Le coq ou mémoires du Chevalier de***. 1743, *in-12.*

569 Confessions du Comte de***, par Duclos, avec l'examen. 1741 & 1742, *in-12. v. f.*

570 Mémoires de M. de Berval. 1752, *in-12.*

571 Mémoires de Madame de Moras, Comtesse de Courbon. *La Haye, de Hondt*, 1740, 2 *vol. in-12. rel. en un.*

572 Contes moraux de M. Marmontel. 1765, 4 *vol. in-12. fig. de Gravelot*, avec toutes les piéces qui sont relatives au quatrieme volume.

573 . . . .

574 . . . .

Romans Politiques, Critiques, Satyriques, Allégoriques.

575 Les aventures de Télémaque, par Fénélon. *Paris, Imp. de* MONSIEUR, *chez Didot jeune*, 1785, *in-4. gr. p. vél. maroq. rouge.*

576 Il Telemaco del Signor de Fénelon, tradotto dal francese in ottava rima italiana, da Flaminio Scarselli. *In Venezia*, 1748, 2 *vol. in-8. rel. en un, d. f. t.*

577 Numa Pompilius, second Roi de Rome, par M. de Florian. *Paris, Didot l'ainé*, 1786, *in 8.*

578 Téléphe, (par Puiméja). *Londres, Paris, Pissot*, 1734, *in-8.*

579 Séthos, Histoire ou vie tirée des monumens anecdotes de l'ancienne Egypte, (par l'Abbé Terrasson). *Paris*, 1741, 3 *vol. in-12.*

580 Mahmoud le Gasnévide, Histoire Orientale, avec des notes. *Rotterdam*, 1729, *in-8.*

581 Zadig, — Candide, — le Huron, — la Princesse de Babilone, (par Voltaire), 4 *vol. in-12.*

582 Le Vicomte de Barjac; Roman critique, allégorique, 1784, 2 *vol. in-12. rel. en un.*

583 Gilblas de Santillane, de Le sage, 1747, 4 *vol. in-12. fig.*

584 Le Diable boiteux, du même, 1726, 2 *vol. in-12. fig.*

585 Le Roman Bourgeois, par Furetiere. *Nancy*, 1712, *in-12. fig.*

586 Le Paysan perverti, par Rétif de la Bretonne, 1776, 4 *vol. in-12. rel. en 2.*

587 Les liaisons dangereuses, (par le Chevalier de Laclos), 1782, 4 *vol. in-12. rel. en 2.*

Romans Moraux & Historiques, traduits ou imités de l'Anglais.

588 Paméla, de Richardson, trad. par l'Abbé Prévost, 1742, 4 *vol. in-12. rel. en 2. v. f. d. f. t.*

589 Clarisse, des mêmes, 1751, 7 *vol. in-12. fig.*
590 Cléveland, de l'Abbé Prévost, 1731, 8 *vol. in-12. fig.*
591 Mémoires pour servir à l'Histoire de la Vertu, extraits du Journal d'une jeune dame, (par l'Abbé Prévost), 1762, 4 *vol. in-12.*
592 Aventures de Jos. Andrews, de Fielding, (trad. par l'Abbé Desfontaines) 1743, 2 *vol. in-12. v. f.*
593 Aventures de Roderic Random, trad de l'anglais de Fielding, (par Hernandez & Puisieux), 1762, 2 *vol. in-12.*
594 Tom-Jones, trad. de l'anglais de Fielding, (par M. de la Place), 1750, 4 *vol. in-12. fig. de Gravelot.*
595 L'Orpheline Anglaise, ou Histoire de Charlotte Summers, imitée de l'anglais, par M. de la Place, 1751, 4 *vol. in-12. p. f.*
596 Le véritable ami, ou la vie de David le Simple, trad. de l'anglais, (par Skunk), *Amst.* 1749, 2 *vol. in 12.*
597 L'étourdie, ou Histoire de Miss Betsy Tatless. *Paris*, 1754, 2 *vol. in-12.*
598 Henriette, trad. de l'anglais. *Amst*, 1760, 2 *vol. in-12.*
599 Histoire de Julie Mandeville, ou Lettres trad. de l'anglais, (par Madame Benoît), 1764, 2 *vol. in-12. rel. en un.*
600 Amélie, trad. de l'anglais de Fielding, par Madame Riccoboni, 1762, 3 *part. rel. en un vol. in-12.*
601 Histoire de Miss Jenny, par la même, 1763, 4 *vol. in-12. rel. en 2.*
602 Lettres de Myladi Catesbi, par la même, 1769, *in-12.*
603 Lettres de Mistriss Fanni Butlerd, par la même, 1769, *in-12.*
604 Lettres de Sophie de Valliere à Louise Hortence de Canteleu, par la même, 1772, 2 *vol. in-12. rel. en un.*
605 Recueil de pièces détachées, par la même, 1772, *in-12.*
606 Louise, ou la Chaumière, trad. de l'Anglais, 1787, 2 *vol in-12. rel. en 1.*
607 Cécilia, ou Mémoires d'une héritiere, trad. de l'anglais, (de Miss Burnet), 1784, 4 *vol. in-12.*
608 Camille, ou Lettres de deux filles de ce siécle, trad. de l'anglais, 1785, 4 *vol. in-12. rel. en 2.*

Romans d'amour.

609 Les veillées de Thessalie, par Mademoiselle de Lussan, 1741, 4 *vol. in-12.*

610 Lycoris, ou la Courtisanne Grecque. *Amst.* 1746. — Règlement pour l'Opéra de Paris. *in*-12. *p. f.*

611 Psaphion, ou la courtisanne de Smirne, avec les hommes de Promethée, (par M. de Querlon). *Londres* (*Paris*), 1748, *in* 12. *p. f.*

612 Le Roman du jour pour servir à l'histoire du siècle, (par le même). *Londres* (*Paris*), 1754, *in*-12.

613 Les malheurs de l'amour, (par Madame de Tencin). *Amst* (*Paris*), 1747, 2 *vol. in*-12. *v. f.*

614 Le Cousin de Mahomet, 1750. 2 *vol. in*-12. *fig. p. f.*

615 Les soirées du bois de Boulogne, 1742, 2 *vol. in*-12.

616 Lettres de la Marquise de M*** au Comte de R*** (par Crébillon fils), 1739, 2 *vol. in*-12. *p. f.*

617 Lettres d'une Péruvienne (par Madame de Graffigny), *in*-12.

618 Julie, ou la nouvelle Héloïse, de J. J. Rousseau. *Amst. Rey*, 1760, 6 *vol. in*-12. *fig. de Gravelot.*

619 Les trois voluptés, 1746. — Les vrais plaisirs, ou les amours de Vénus & d'Adonis, (par Fréron & le Duc d'Estouteville), 1748. — Testament littéraire de l'Abbé des Fontaines, 1746, *in*-12.

620 Le Temple de Gnide, (par Montesquieu), *in*-12.

Romans de Féeries, Contes merveilleux.

621 La Tour ténébreuse & les jours lumineux, contes Anglais par Mademoiselle l'Héritier. *Paris*, *Barbin*, 1705, *in* 12.

622 Histoire du Prince Soly, surnommé Prénany, & de la Princesse Fessée, (Par Pajon), 1740. — Les amours de Madame d'Elbeuf, contenant plusieurs anecdotes du Cardinal de Richelieu, 1739, *in*-12.

623 Mirza & Fatmé, conte Indien, (par Saurin). *La Haye*, (*Paris*), 1754, *in*-12.

624 Le Sultan Misapouf & la Princesse Grisemine (par Voisenon) — Zensoli & Bélina, ou le triomphe de la nature. — Histoire nouvelle, dédiée au génie du siécle, 1746, *in*-12.

625 La Princesse Coque-d'Œuf & le Prince Bonbon, Histoire aussi ancienne que véritable, trad. de l'arabe, par Mademoiselle d'Egbacobub, (Mademoiselle de Lubert). *La Haye*, (*Paris*), 1745, *in*-12.

626 Nérair & Melhoë, Conte ou Histoire, ouvrage orné de digressions, 1760, 2 *vol. in*-12.

627 — Le quart d'heure d'une jolie femme, ou les amusemens de la toilette (par chevrier), 1753, *in-12.*

628 Zulmis & Zelmaïde, conte (par Voisenon). — Les Faveurs du sommeil, Histoire traduite d'un fragment Grec d'Aristenete, 1745 & 1746, *in-12.*

629 Le Palais du silence, conte philosophique (par le Chevalier d'Arc) 1754, 2 *vol.* in-12. *p. f.*

630 Contes moins contes que les autres, sans Parangon & la Reine des Fées, 1724, *in-12.*

Facéties, Plaisanteries.

631 Les œuvres de Me. Fr. Rabelais, avec les remarques de Le Duchat. *Amst. Desbordes*, 1711 6 *vol. in-8. fig. p. pap. rel. en* 5 *vol.*

632 — Les mêmes, 6 *vol. in-8. fig g. p. rel. en* 5 *vol. m. r.*

633 Les Œuvres de Rabelais, mises à la portée de la plûpart des lecteurs, ou le Rabelais moderne. *Amst.* (*Paris*) 1752, 8 *vol. in-12. p. f.*

634 Scielta di facetie molti, Burle, & Buffonerie di diversi, del Piavano Arlotto, del Gonella, del Barlacchia, & altre. *In Venezia*, 1708, *in-12.*

635 Les étrennes de la St.-Jean, (par les Comtes de Maurepas & de Caylus). *Troyes* (*Paris*), 1742, *in-12. gr. pap. mar. rouge.*

636 Recueil de ces Messieurs, (par le Comte de Caylus), 1745, *in-12. v. f.*

637 Histoires nouvelles & Mémoires ramassés, (par le même), suivis des aventures des Bals de bois, (par Voisenon). *Paris*. 1745, *in-12.*

638 Les Manteaux, (par le même Comte de Caylus). — Le Code de Cithère, *in-12.*

639 Histoire de Guillaume, Cocher de place, (par Chevrier) *in-12. p. f.*

640 Mémoires de l'Académie de Troyes. *Paris*, *Duchène*, 1756, 2 *vol. in-12. rel. en un. p. f.*

641 l'Art de péter, 1751, *in-12.*

642 La Pipe cassée, & autres piéces de Vadé, *in-12.*

643 Mémoires pour servir à l'Histoire de la calotte, 6 *part. rel. en* 3 *vol. in-12, p. f.*

PHILOLOGIE.

Critiques.

644 Des causes de la corruption du goût, par Madame Dacier. *Paris*, *Rigaud*, 1714, *in*-12.

645 Sentimens de l'Académie Françaife, fur la Tragi-Comédie du Cid. *Paris*, *Camufat*, 1638, *in*-8. *parch.*

646 Chef d'œuvre d'un inconnu, par Mathanafius, (St.-Hyacinte), *La Haye*, 1744, 2 *vol. in*-12. *v. f.*

647 Voyage au féjour des ombres, 1749, *in*-12. *p. f.*

648 Examen critique de l'Efprit des Loix, & Réponfe, ou défenfe de ce livre, 1750, *in*-12.

649 Obfervations critiques fur la traduction des Géorgiques de Virgile de De Lifle, & fur les poëmes des faifons, de la déclamation & de la peinture, par Clément. *Genève*, 1771, *in*-8.

650 Rouffeau, juge de Jean Jacques, Dialogue, 1780, *in*-12. *p. f.*

Satyres, Invectives, Apologies.

651 Apologie pour Hérodote, ou traité de la conformité des merveilles anciennes avec les modernes, par Henri Etienne, avec les remarques de le Duchat. *La Haye*, *Scheurléer*, 1735, 3 *vol. in*-12. *v. f.*

652 Eloge de la folie, trad. du latin d'Erafme, par Gueudeville, avec les notes de Liftrius, & les figures d'Holben. *Leyde*, *Vander Aa*, 1715, *in*-12.

653 — Le même livre, nouvelle édition, avec les figures d'Eifen. (*Paris*), 1752, *in*-12.

654 Il mondo Senza Giudizio, del Cavaliere Cefare Giudici. *In Milano*, 1714, *in*-12.

655 Les fonges du Chevalier de la Marmotte, 1745, *in*-12. *pet. for.*

656 Théorie du Paradoxe, (par l'Abbé Morellet), contre M. Linguet. — Petites lettres fur de grands Philofophes., (par M. Paliffot). — Lettre d'un Rat Calotin à Citron Barbet, au fujet de l'Hiftoire des Chats. — Lettre d'un Quakre (Voltaire) à M. le Franc de Pompignan. — Confeffion de foi, de Voltaire. — Maladie, mort & apparition du pere Berthier, *in*-12.

657 Conteftation de Hume avec J. J. Rouffeau. — La Caco-

monade, (par Marchand). — De la prédication, (par l'Abbé Coyer). — Le Docteur Pansophe, ou lettres de Voltaire, 1766, *in*-12.

658 Apologie d'Houdar de la Mothe, 1724, *in*-8.

659 Apologie de l'Abbé de Prades. *Amst*, 1752, *in*-8.

POLYGRAPHES,

ou Œuvres mêlées de divers Auteurs.

660 Essais de Michel Montagne, nouvelle édition publiée avec des notes, par Pierre Coste. *Paris*, 1725, 3 *vol. in*-4. *g p.*

661 Les Œuvres de François de la Mothe le Vayer, nouvelle édition, Dresde, Michel Groell, 1756, 14 *vol. in*-8.

662 Œuvres mêlées de St.-Evremont. *Amst. Pierre Mortier*, 1706, 7 *vol. in* 12. *fig. v. f. d. s. t.*

663 Œuvres de le Maitre de Sacy, contenant les lettres de Pline, le Panégirique de Trajan, & le Traité de l'amitié. *Paris*, 1722, *in*-4.

664 Œuvres diverses de Cyrano Bergerac. *Amst.* 1710, 2 *vol. in* 12.

665 Œuvres diverses de Jean Renaud de Segrais, *Amst.* 1723, 2 *vol. in* 12.

666 Œuvres mêlées, d'Urbain Chevreau. *La Haye*, 1697, 2 *vol. in*-12. *rel. en un.*

667 Œuvres mêlées du Comte Ant^e^. Hamilton, contenant ses Epitres en prose & en vers, ses contes des Fées, & les Mémoires de Gramont. *Paris*, 1749, 6 *vol. in* 12. *p. f.*

668 Œuvres mêlées, en prose & en vers d'Etienne Pavillon. *Amst.* (*Paris*), 1747, 2 *vol. in*-12. *p. f.*

669 Œuvres diverses de Pierre Bayle. *La Haye*, 1727, 4 *vol. in-fol. rel. en* 5.

670 Œuvres complettes de Fontenelle. *Paris*, 1742, 10 *vol, in*-12. *v. f. d. s. t.*

671 Œuvres complettes d'Houdar de la Motte. *Paris*, 1754, 11 *vol. in*-12.

672 Œuvres complettes de l'Abbé de Saint-Réal. *Paris*, 1745, 6 *vol. in*-12.

673 Œuvres mêlées de l'Abbé Nadal. *Paris*, 1738, 3 *vol. in*-12.

674 Œuvres diverses d'Alexandre Pope, trad. de l'Anglais. *Amst. Arkstée & Merkus*, 1754, 7 *vol. in*-12. *fig.*

675 Essai sur l'homme, avec l'essai sur la critique, traduit de l'Anglais de Pope, (par M, de Silhouette), suivis des

essais sur quelques Odes d'Horace. *Paris*, 1736, *in-12. v. f.*

676 Œuvres d'Aug. de Moncrif. *Paris*, 1749, 5 *vol. in-12. petit format.*

677 Œuvres de Remond de Saint Mard. *Paris*, 1749, 5 *vol. in-12. p. f.*

678 Œuvres de Voltaire, (première collection, imprimée à Paris, chez Lambert). 1751, 11 *vol. in-12. p. f. fig.*

679 — Les mêmes Œuvres de Voltaire. *Genève*, (*Fr. Cramer*), 1756 & *suite*, 43 *vol. in-8.*

680 — Les mêmes Œuvres complettes de M. de Voltaire, nouvelle édition faite sur celle de M. de Beaumarchais. *Basle*, *Tourneysen*, 1784 & *suite*, 69 *vol. in-8. rel. en écaille.*

681 Œuvres du Philosophe de sans-souci, (Frédéric II Roi de Prusse), *Neuchâtel*, (*Paris*,) 1760, 4 *vol. in-12.*

682 Œuvres complettes de J. J. Rousseau de Genêve, petite édition de M. de Beaumarchais. 1783, 30 *vol. in-12.* & 1 *vol. in-8. de caractères de musique. rel. en éc. d. s. tranche.*

683 — Œuvres diverses séparées, du même. 11 *vol. in-8.*

684 — Œuvres diverses séparées, du même. 4 *vol. in-12.*

685 Œuvres de Thomas. *Paris*, 1773, 4 *vol. in-12.*

686 Œuvres de l'Abbé de Voisenon. *Paris*, 1781, 5 *vol. in-8.*

Polygraphes Italiens.

687 Machiavelli (Nicollo) tutte le opere. (Firenze), 1550, *in-4. v. f.*

688 Opere scelte di Ferrante Pallavicino, con la vita dell' Autore, e la continuatione del suo corriero. *in Villa-Franca.* (*Holl*). 1666, *in-12.*

689 Prose & rime di Giovanni della casa, corrette per l'abbatte Antonini. *Parigi*, *David.*, 1727, *in-8.*

690 Opere del cav. Battista Guarini. *in Verona*, 1737, 4 *vol. in-4. fig.*

691 Opere varie del Conte Francesco Algarotti. *in Venezia*, 1757, 2 *vol*, *in-8.*

692 Prose e Poesie del signor abate Conti. *in Venezia*, 1739, 2 *vol. in-4.*

693 Scelta di Prose e Poesie italiane. *in Londra*, *Giovanni Nourse*, (*Parigi*, *Molini*). 1765, *in-12.*

MÉLANGES.

694 Ducatiana, ou remarques de feu M. le Duchat, sur divers sujets d'Histoire & de Littérature. *Amst. Humbert*, 1738, 2 *vol. in* 12.

695 L'Esprit de Fontenelle, ou recueil de pensées tirées de ses ouvrages. *La Haye* (*Paris*), 1744, *in*-12. *v. f.*

696 Voyage de Bachaumont & Chapelle, avec les poésies du Chevalier de Cailly, la relation des campagnes de Rocroi & de Fribourg, & les visionnaires, comédie de Desmarets. *Amst.* 1708, *in*-12.

697 Diverses pieces *en un vol. in*-8. contenant dissertation sur l'araignée, par M. Bon. — Fautes des deux côtés, ou essai sur les factions de l'Angleterre. — Discours aux grands de Pologne, sur la nécessité de faire sortir les Jésuites de ce Royaume. — Essai sur les Guerres civiles de France, traduit de l'Anglais, de Voltaire. — Le Temple du Goût, du même.

698 Autre Recueil contenant: essai sur la Peinture, la Sculpture & l'Architecture, (par Laugier). — Essai sur la police des Grains. — Réflexions sur l'Opéra Français & l'Opéra Italien. — Lettre sur la tolérance civile des Protestans. *in*-8.

699 Autre recueil contenant: Portefeuille nouveau, ou mélange choisi en prose & en vers. — La Métromanie de Piron. — Didon de Lefranc de Pompignan. — Les adieux de Mars, comédie. — L'Oracle, comédie de Sainte Foix. — L'Ecole du temps, comédie de Pesselier. *in*-8.

700 Didon, tragédie & autres ouvrages de Littérature de M. Lefranc de Pompignan. — Didone tragédia del signor Lefranc tradotta del Francese in versi sciolti dall' abate Venuti. — De antiquitatibus Cadurcorum &c. *in*-8.

701 Mélanges de différentes pieces de vers & de prose, traduit de l'anglais de Mesdames Elise Haywood & Suzanne Centlivre, de Messieurs Pope, Southern & autres. *Berlin*, (*Paris*), 1751, 3 *vol. in*-12. *rel. en un.*

702 Mélanges de Littérature, d'Histoire & de Philosophie, (par d'Alembert). *Berlin*, (*Paris*), 1753, 2 *vol. in*-12.

703 Réflexions sur différens sujets de Physique, de Guerre, de Morale, de Critique, d'Histoire, de Mathématiques, &c. *Paris*, 1731, *in*-8.

704 Mélanges de Philosophie, de Politique & de Littérature. *Paris*, 1761. *in*-12.

705 Les loisirs d'un Ministre, ou essai dans le goût de ceux de Montaigne, (par M. d'Argenson). *Liége*, 1737, 2 *vol. in*-8. *rel. en un.*

706 Variétés Littéraires, ou recueil de piéces tant originales que traduites, concernant la Philosophie, la Littérature & les Arts. (*Paris*), 1770, 4 *vol. in*-12.

Dialogues & Entretiens.

707 Lucien, de la traduction de N. Perrot d'Ablancourt. *Amst. Pierre Mortier*, 1706 2 *vol. in*-12. *fig. très-belle édition.*

708 Entretiens & colloques d'Erasme. *Paris*, 1673, *in*-12.

709 Neuf Dialogues faits à l'imitation des anciens, par Oratius Tubero, (Fr. de la Mothe le Vayer). *Francfort*, 1716, 2 *vol. in*-12.

710 Dialogues des Morts, trad. de l'Anglais de Lyttleton, par J. Deschamps. *Londres*, 1760, *in*-12.

Epistolaires.

711 Les véritables Lettres d'Abeillard & d'Héloïse, traduites par l'Auteur de leur vie, en latin & en français, avec des notes historiques & critiques. *Paris*, *Barrois*, 1723, 2 *vol in*-12.

712 Lettres choisies de Christine, Reine de Suède, (par Lacombe). (*Paris*), 1759, 2 *vol. in* 12. *rel. en un.*

713 Lettres de M. Bayle, publiées sur les originaux, avec des remarques, par Desmaiseaux. *Amst.* 1729, 3 *vol. in* 12.

714 Lettres de Roger de Rabutin, Comte de Bussy. *Paris*, 1706, 4 *vol. in* 12.

715 Lettres de Madame de Sévigné. *Paris*, 1738, 7 *vol. in*-12.

716 Nouvelles Lettres de la même. 2 *vol. in*-12. *Paris*, 1754.

717 Lettres de Ninon Lenclos, au Marquis de Sévigné. *Amst.* (*Paris*), 1750, 2 *vol. in*-12. *rel. en un.*

718 Lettres de la Comtesse de L.... au Comte de R... (depuis 1674, jusqu'en 1680). *Paris*, *Barrois*, 1785, *in*-12.

719 Lettres de Madame de Maintenon. *Nançi*, 1752, 2 *vol. in*-12. *p. f. rel. en un.*

720 Lettres Historiques & Galantes de Madame Dunoyer. 1739, 6 *vol. in*-12.

721 Lettres ſérieuſes & badines, de Janiçon. *La Haye*, 1729, *in*-12.
722 Lettres Perſannes, de M. de Monteſquieu, ſuivies des Lettres Turques à Paris. 1731, 2 *vol. in*-12.
723 Lettres familières du même. 1767, *in*-12.
724 Lettres de M. de Maupertuis. *Berlin*, (*Paris*), 1753, *in*-12. *p. f*.
725 Lettres Juives, par le Marquis d'Argens. *La Haye*, 1738, 6 *vol. in*-8. *v. f*.
726 Lettres ſur les Anglais, les Français & les Voyages, (par Murralt). *Paris*, *David l'aîné* 1747, 2 *vol. in*-12. *veau fauve*.
727 Lettres d'un voyageur Anglais, (par Sherlock). *Londres*, 1779 & 1780, 2 *vol. in* 8. *rel. en un*.
728 Lettres d'un Français, (l'Abbé le Blanc). 1745, 3 *vol. in*-12.
729 Lettres Turques, ſuivies des Lettres de Nedim Coggia, avec les Veuves, Comédie, (par Sainte Foix). 1750. *in*-12.
730 Lettres de Myladi Montagute, écrites pendant ſes voyages. 1764, *in*-12.
731 Lettres du Pape Clément XIV (Ganganelli) par le Marquis de Carraccioli. 1776, 2 *vol. in*-12.
732 Lettere ſcientifiche ed erudite del Conte Lorenzo Magalotti. *in Firenze*, 1721, *in*-4.
733 Lettere miſcellanee, curioſe è galanti di Nicolo di Caſtelli. *in Noremberga*, 1744, *in*-12.
734 Lettere familiari è critiche di Vincenzio Martinelli. *Londra*, 1758, *in*-8.

HISTOIRE.

Préliminaires & Introduction à l'Hiſtoire.

735 Tableau philoſophique du Genre humain, depuis l'origine du Monde juſqu'à Conſtantin, traduit de l'anglais. *Londres*, 1767, *in* 12.
736 Lettres ſur l'Hiſtoire, traduit de l'anglais de Bolingbrocke (par Dubourg) *Paris*, 1752, 2 *vol. in*-8.
737 Suplément à la manière d'écrire l'Hiſtoire (par Gudin de la Brelennerie) *petit volume in*-16.

GÉOGRAPHIE.

738 Élémens de Géographie. 1740, *in*-8.

739 Géographie des Enfans, par l'abbé Lenglet Dufresnoy. 1736, *in*-12.

740 Grammaire géographique, ou Analyse exacte & courte du corps entier de la Géographie moderne, trad. de l'anglais de Gordon (par Puyneux.) *Paris*, 1748, *in*-8.

741 Le grand Dictionnaire géographique & critique, par Bruzen de la Martiniere. *La Haye*, 1726, 10 *vol. in fol.*

742 Dictionnaire géographique portatif, traduit de l'anglais d'Echard, par Vosgien. 1759, *in*-8.

743 Atlas de Guillaume Delisle. 1 *vol. in-fol. plano.*

744 Atlas général, civil, ecclésiastique & militaire, méthodique & élémentaire pour l'Étude de la Géographie & de l'Histoire, par Brion de la Tour. 1772, *in*-4. *grand papier.*

745 Atlas géographique & militaire de Rizzi-Zannoni. *petit vol. in*-18. *avec cartes coloriées.*

VOYAGES.

746 Histoire générale des Voyages, par l'abbé Prévost, avec la continuation de MM de Querlon, Surgy & Delaire. *Paris*, 1746, *& suite*, 19 *vol. in*-4. *avec cartes & figures des premieres épreuves.*

747 Abrégé de l'Histoire générale des Voyages, (par la Harpe). *Paris*, 1780, & *suite* 24 *vol. in*-8., *y compris l'atlas*, *avec fig.*

748 Voyage autour du monde en 1764 & 1765, traduit de l'anglais de Byron. *Paris*, 1767, *in*-12.

749 Voyages du Commodore Byron, des Capitaines Carteret, Wallis & Cook dans l'Hémisphère méridional, rédigés d'après les Journaux de M. Banks, par Hawkesworth. *Paris*, 1774, 4 *vol. in*-4. — Voyages dans l'Hémisphère austral en 1772, 1773, 1774 & 1775 par Cook. *Paris*, 1778, 5 *vol. in*-4. — Troisieme Voyage de Cook dans l'Hémisphère nord, en 1776, 1777, 1778, 1779 & 1780. *Paris*, 1785, 4 *vol. in*-4. en tout 13 *vol. in*-4. *avec cartes & figures. v. écc.*

750 Relation des Isles Pelew, rédigée d'après les Journaux d'Henri Wilson, traduit de l'anglais de George Keate. *Paris*, 1788, 2 *vol. in*-8. *figures br.*

751 Hydographie de la mer du Sud, ou Histoire des nouvelles découvertes faites dans la mer du Sud, par Fréville. *Paris*, 1774, 2 *vol in* 8.

752 Voyage à la Mer du Sud, par M. Marion, continué par M. Duclesmeur, rédigé d'après les plans & Journaux de M. Crozet, avec un extrait du voyage de M. de Surville. *Paris*, 1783, *in*-8. *fig.*

753 Voyage dans l'Amérique méridionale le long de la riviere des Amazones, par la Condamine, suivi du détail de l'émeute excitée au Pérou contre les Académiciens. *Paris*, 1745 & 1746, *in*-8.

754 Voyages du Baron de la Hontan dans l'Amérique septentrionale. *Amst.*, 1705, 2 *vol. in*-12. *fig.*

755 Voyage de la Baye d'Hudson, traduit de l'anglais d'Ellis. *Paris*, 1749, 2 *vol. in*-12. *fig.*

756 Voyages de Robert Lade, trad. de l'anglais, (par l'Abbé Prévost.) *Paris*, 1744, 2 *vol. in*-12. *fig.*

757 Voyage au Cap de Bonne Espérance, par l'abbé de la Caille. *Paris*, 1763, *in*-12.

758 Voyages de la Mottraye, en Europe, Asie & Afrique. *La Haye*, *Jonhson*, 1727, 3 *vol. in fol. fig.*

759 Voyages d'Adam Oléarius, en Moscovie, Tartarie & Perse, trad. par Wicquefort. *Amst. le Cène*, 1727, 2 *vol. in-fol. fig.*

760 Voyages de Mandeslo, en Perse & aux Indes Orientales, mis en ordre & publiés par Oléarius, & traduits par Wicquefort. *Amst le Cène*, 1727, 2 *vol. in fol. fig.*

761 Voyages de Corneille Le Brun en Moscovie, en Perse & aux Indes Orientales. *Amst. Wetstein*, 1718, 2 *volumes in-fol. figures.*

762 Voyages du Chevalier Chardin en Perse & autres lieux de l'Orient. *Amst.* 1711, 3 *vol. in*-4. *fig.*

763 Voyages en Asie, par Bergeron. *La Haye*, 1735, 2 *vol. in*-4. *reliés en un*, *avec fig.*

764 Voyages de Paul Lucas dans la Grèce, l'Asie mineure, la Macédoine, l'Afrique & au Levant. *Paris*, 1712, 7 *vol. in*-12. *rel. en* 6 *avec fig.*

765 Voyage d'Italie, trad. de l'anglais de Richard Lassels. *Paris*, 1671, 2 *vol. in*-12.

766 Voyage d'Italie, de Misson, avec les remarques d'Adisson. *Utrecht*, 1722, 4 *vol. in*-12. *fig.*

767 Voyage en Sicile & à Malthe, trad. de l'anglais de Bridone, par Demeunier. *Paris*, *Pissot*, 1775, 2 *volumes in*-8.

G

768 Voyage en Sicile, par de Non. *Paris, Didot l'aîné*, 1788, *in*-8. *br.*

Voyages imaginaires.

769 Voyage de Robertson aux Terres Australes, traduit de l'anglais, 1766, *in*-12.

HISTOIRE UNIVERSELLE.

770 Histoire universelle de Diodore de Sicile, traduite par l'abbé Terrasson. *Paris*, 1737, 4 *vol. in*-12.

771 Introduction à l'Histoire générale & politique de l'Univers, par le Baron de Puffendorf, continuée par Bruzen de la Martiniere. *Amst. Chatelain*, 1743, 7 *vol. in*-12. *avec cartes.*

772 Élémens d'Histoire générale, ancienne & moderne, par l'abbé Millot. *Paris, Prault*, 1772, 9 *vol. in* 12.

773 Compendio della Storia universale Sacra, Ecclesiastica e profane. Pubblicato l'anno 1714. *in*-8. *mar. verd.*

HISTOIRE ANCIENNE.

Histoire des Juifs.

774 Histoire des Juifs écrite par Flavius Joseph, trad. par Arnauld d'Andilly. *Amst. veuve Schippers*, 1681, 1 *vol. in-fol. fig.*

775 Histoire du Peuple de Dieu depuis son origine jusqu'à la naissance du Messie, par le Pere Berruyer. *Paris*, 1728, 7 *vol. in*-4.

776 Histoire des Juifs & des peuples voisins, depuis la décadence des Royaumes d'Israel & de Juda, jusqu'à la mort de Jésus-Christ, trad. de l'anglais de Prideaux. *Amsterd. Dusauzet*, 1722, 5 *vol. in*-12. *fig.*

Histoire des Égyptiens, des Assyriens, des Babyloniens, des Perses, des Macédoniens, des Grecs &c.

777 Histoire ancienne des Egyptiens, des Carthaginois, des Assyriens, des Babyloniens, des Medes & des Perses, des Macédoniens, des Grecs, par Rollin. *Paris*, 1733, 14 *vol. in*-12.

778 Retraite des dix mille de Xénophon, trad. par Perrot

d'Ablancourt, avec le Hiéron ou le portrait des Rois, trad. par Coste, & les choses mémorables de Socrate, trad. par Charpentier, *Amsterdam* (*Trévoux*) 1758, 2 *vol. in*-12.

779 Voyage du jeune Anacharsis en Grèce, dans le milieu du quatrieme siécle avant l'Ere vulgaire, (par M. l'abbé Barthelemy.) *Paris*, *Debure l'aîné*, 1788, 5 *vol. in*-4. *y compris l'Atlas*, *brochés*.

780 Quinte-Curce de la Vie & des actions d'Alexandre-le-Grand, de la traduction de Vaugelas, avec les suplémens de Freinshemius, trad. par du Ryer. *Paris*, 1655, *in*-4.

Histoire Romaine.

781 Caii Sallustii Crispi, quæ extant opera, ex recognitione Stephano And. Philippe. *Parisiis*, *David*, 1744, *in*-12. *fig. mar. rouge*.

782 Traduction de Salluste, avec des notes critiques (par Dotteville.) *Paris*, 1749, *in*-12.

783 Opere di Cornelio Tacito, tradotte da Bernardo Davanzatti. *in Parigi*, *Vedova Quillau*, 1760, 2 *vol. in* 12. *v. ecc. dor. sur tr.*

784 Traduction de quelques ouvrages de Tacite, par l'abbé de la Bleterie. *Paris*, 1755, 2 *vol. in*-12.

785 Discours historiques, critiques & politiques sur Tacite, trad. de l'anglais de Gordon. *Amst*, (*Paris*) 1751, 3 *vol. in*-12.

786 Histoire secrette de Néron, ou le Festin de Trimalcion, trad. du latin de Pétrone, avec des notes historiques par Lavaur. *Paris*, 1726, 2 *vol. in*-12, *reliés en un*.

787 . . . .

788 Les douze Césars, trad. du latin de Suétone, avec des notes & des réflexions, par la Harpe. *Paris*, 1770, 2 *vol. in* 8,

789 Les Césars de l'Empereur Julien, trad. du Grec, par Spanheim, avec des remarques & des preuves, enrichis de plus de 300 médailles & autres anciens monumens, gravés par Picart. *Amsterdam*, *l'Honoré*, 1728, *in*-4. *fig. dor. sur tr.*

790 Vie de l'Empéreur Julien (par l'Abbé de la Bleterie. *Paris*, 1735 2 *vol. in*-12. *rel. en un. v. f.*

791 Histoire de l'Empéreur Jovien, & traduction de quelques

ouvrages de Julien, par le même. *Paris*, 1748, 2 *vol. in-12 v. f.*

792 Histoire d'Hérodien, contenant les Histoires des Empéreurs depuis Marc-Aurele jusqu'à Maxime & Balbin, trad. du grec, par l'Abbé Mongault. *Paris*, 1745, *in-12.*

793 Observations sur les Romains, par l'Abbé de Mably. (*Paris*), 1751, *in-12.*

794 Mœurs & usages des Romains, (par Lefevre de Morsan). *Paris*, 1739, *in-12.*

795 Considérations sur les causes de la grandeur des Romains & de leur décadence, (par Montesquieu). *Paris*, 1748, *in-12.*

796 Histoire de la décadence & de la chûte de l'Empire Romain, trad. de l'Anglais de Gibbon, par Leclerc de sept-Chênes. *Paris*, 1777, 4 *vol. in-8. rel. en* 3.

HISTOIRE ECCLÉSIASTIQUE.

Histoire Ecclésiastique générale.

797 Abrégé chronologique de l'Histoire Ecclésiastique (par Macquer). *Paris*, 1751, 2 *vol. in-8.*

Histoire & Vies des Papes.

798 Histoire des Papes, depuis Saint Pierre jusqu'à Benoit XIII inclusivement, (par Brueys). *La Haye*, *Scheurléer*, 1732, 5 *vol. in 4. v. f.*

799 Histoire de la Papesse Jeanne, tirée de la dissertation latine de Spanheim, (par Jacques Lenfant). *La Haye*, 1736, 2 *vol, in-12. fig. mar. r.*

800 Vie du Pape Alexandre VI, & de son fils César Borgia, trad. de l'Anglais de Gordon. *Amst.* 1751, 2 *vol. in-12.*

801 Il Sindicato di Alessandro VII, con il suo viaggio nell' altro mondo, 1668, *in-12. vel.*

802 Vie du Pape Clément XIV, (Ganganelli), par Carraccioli. *Paris*, 1776, *in-12.*

803 Histoire des voyages des Papes, depuis Innocent premier jusqu'à Pie VI, en 1782, *in-8.*

804 Histoire des Conclaves, depuis Clément V jusqu'à présent, *Cologne*, 1703, 2 *vol. in-8. fig.*

Histoire des Cérémonies & Institutions Religieuses, des sectes, Héréfies & inquisitions, &c.

805 Cérémonies & coutumes Religieuses de tous les peuples du monde (par l'Abbé Banier), avec les figures de Picart. *Amst. J. F. Bernard*, 1723, *9 vol. in-fol. bonnes épreuves.*

806 Coup d'œil Anglais, sur les cérémonies du mariage, avec des notes & des observations, auxquelles on a joint les avantures de M. Harry & de ses sept femmes. *Genève (Paris)*, 1750, *in-12.*

807 Historia persecutionis Vandalicæ, autore D. Ruinart. *Parisiis*, 1694, *2 vol. in-8. rel. en un. mar. r.*

808 L'Inquisizione processata; opera storica e curiosa. *In Colonia*, 1681, *2 vol. in-12.*

Histoire des Ordres Religieux, des Ordres de Chevalerie, &c.

809 Légende dorée, *Amst.* 1734, *in-12.*

810 L'Alcoran des Cordeliers, *Amst.* 1734, *2 vol. in-12. fig. de Picart.*

811 La guerre séraphique. *La Haye, de Hondt*, 1740. *in-12.*

812 Mémoires pour l'Histoire des Jésuites, extraits de l'Histoire de M. de Thou. *Paris*, 1761, *in-12.*

Histoire impartiale des Jésuites, (par Linguet). *Paris*, 1768, *2 vol. in-12.*

Premier & second comptes rendus des constitutions des Jésuites, par M. de la Chalotais. 1762, *in-12.*

Sur la destruction des Jésuites en France, 1765, *in-12. en tout 5 vol. in-12.*

813 Extrait des assertions dangereuses & pernicieuses, publiées par les Jésuites. *Paris*, 1762, *in-4.*

814 Histoire des Chevaliers de Malthe, par l'Abbé de Vertot. *Paris*, *Rollin*, 1726, *4 vol. in-4. grand papier avec les portraits.*

815 Histoire de l'Ordre du Saint-Esprit, par Ste-Foix. *Paris*, 1767, *in-12.*

Désolation des Entrepreneurs modernes du Temple de Jérusalem, ou nouveau Catéchisme des Francs-Maçons, 1740, *in-12. fig.*

HISTOIRE GÉNÉRALE MODERNE.

816 Tableau de l'hiſtoire Moderne, par le Chevalier de Méhégan. *Paris*, 1766, 3 *vol. in*-12.

817 Anecdotes hiſtoriques, & politiques de l'Europe, depuis l'élévation de Charles V au trône de l'Empire, juſqu'en 1748, par l'Abbé Raynal. *Amſt.* (*Paris*), 1754, 2 *vol. in*-8.

818 Mémoires Hiſtoriques, Militaires & Politiques de l'Europe, depuis l'élévation de charles V au trône de l'Empire juſqu'en 1748, par le même. *Amſt.* (*Paris*), 1754, 3 *vol. in*-8.

819 Relationi del Card. Bentivoglio, publicate da Erycio Puteano. *In Colonia*, 1630, *in*-4. *vel.*

820 Mémoires ſur l'origine des guerres qui travaillent l'Europe depuis 50 ans, par Vauciennes. *Amſt.* 1715, 2 *vol. in*-12. *pet. for.*

821 Mercure de Vittorio Siri, contenant l'Hiſtoire générale de l'Europe depuis 1640, juſqu'en 1655, trad. de l'Italien, par Requier. *Paris*, 1756, 3 *vol. in*-4.

822 L'Eſpion dans les Cours des Princes Chrétiens, (par Marana). *Cologne*, 1710, 6 *vol. in*-12. *fig. d. ſ. tr.*

L'Eſpion de Thamas Kouli-Kan dans les Cours de l'Europe, ou lettres & mémoires de Pagi Naſſi-Bek, contenant diverſes anecdotes politiques pour ſervir à l'Hiſtoire du temps préſent, trad. du perſan, par l'Abbé de Rochebrune. *Cologne*, 1716, *in*-12.

823 Hiſtoire du Traité de Paix de Weſtphalie, par le P. Bougeant. *Paris*, 1751, 6 *vol. in*-12.

824 Mémoires de M. de***, (Colbert de Torcy), pour ſervir à l'Hiſtoire des négociations depuis le traité de Riſwick, juſqu'à la paix d'Utrecht. *La Haye*, (*Trévoux*), 1756, 3 *vol. in*-12.

825 Storia della Guerra incominciata l'anno 1733. *in Amſterdamo*, 1736, 2 *vol. in*-8.

826 Annales politiques de l'Abbé de Saint-Pierre. *Paris*, 1758, 2 *vol. in*-12.

HISTOIRE DE FRANCE.

Préliminaires & introduction.

827 Obſervations ſur l'Hiſtoire de France, par l'Abbé de Mably. *Paris*, 1765, 2 *vol. in*-12.

828 — Le même livre, nouvelle édition, continuée jusqu'au Règne de Louis XIV, & précédée de l'Eloge historique de l'Auteur, par M. l'Abbé Brizard. *Kehll*, 1788, 4 *vol. in-12. br.*

Histoire Générale de France.

829 Inventaire général de l'Histoire de France, par Jean de Serre. *Paris, Jean Promé*, 1636, 4 *vol. in-8.*

830 Annales de la Monarchie Française, depuis son etablissement, jusqu'à Louis XV, avec des medailles, par Limiers. *Amst. Fr. l'Honoré*, 1724, 3 *vol. in-fol. rel. en un.*

831 Abrégé chronologique de l'Histoire de France, par Mézerai. *Paris, Jolly*, 1668, 4 *vol. in-4. premiere édition.*

832 — Le même abrégé chronologique de l'Histoire de France, par Mézerai, augmenté de l'avant-Clovis, & des Règnes de Louis XIII & de Louis XIV. par Limiers. *Amst. Mortier*, 1720, 9 *vol. in-12. avec les portraits, veau fauve.*

833 Abrégé de l'Histoire de France, depuis Pharamond jusqu'à Charles IX, par M. Bossuet, Evéque de Meaux. *Paris*, 1747, 4 *vol. in-12.*

834 Histoire de France, par le Père Daniel. *Paris*, 1729, 10 *vol. in-4.*

835 Histoire de France, commencée par l'Abbé Velli, & continuée par MM. Villaret & Garnier. *Paris*, 1757 *& suite*, 30 *vol. in-12.*

836 Elémens de l'Histoire de France, par l'Abbé Millot. *Paris*, 1770, 3 *vol. in-12.*

837 Abrégé chronologique de l'Histoire de France, par le Président Hénault *Paris*, 1749, 2 *vol. in-8 v. f.*

838 — Le même livre. *Tome premier seulement, avec les portraits d'Odieuvre.*

839 Suite de l'Abrégé Chronologique du Président Hénault, continué depuis la mort de Louis XIV, jusqu'à la paix de 1783, par M. l'Abbé des Odoards-Fantin. *Paris*, 1788, 2 *vol. in-8. br.*

840 Curiosités historiques, ou Recueil de piéces utiles à l'Histoire de France, qui n'ont jamais paru. *Amst.* (*Paris*), 1759, 2 *vol. in-12, p f.*

841 Recueil A, jusqu'à &, contenant quantité de choses relatives à l'Histoire de France, pendant les quinzième,

ſeizième & dix-ſeptième ſiècles, (par MM. Abbé Pérau, de Querlon, Barbazan & autres). *Paris*, 1745, 12 *vol. in*-12.

Hiſtoire particulière de France, ſous les anciens Régnes.

842 Hiſtoire du Règne de Charlemagne, par la Bruère. *Paris*, 1745, *in*-8. *p. f.*

Hiſtoire particuliere de France ſous les Rois de la troiſieme race.

BRANCHE DE VALOIS JUSQU'A HENRI IV.

843 Hiſtoire & Règne de Charles VI, par Mademoiſelle de Luſſan. *Paris*, 1753, 9 *vol. in*-12.
844 Hiſtoire de Jeanne d'Arc, dite la Pucelle d'Orléans, par l'abbé Lenglet Dufrénoy. *Paris*, *Couſtelier*, 1753, 3 *vol. in*-12. *rel. en deux.*
845 Hiſtoire de Louis XI par Duclos. *Paris*, 1745, 4 *vol. in* 12. *v. fauve.*
846 Mémoires de Philippe de Comines, contenant l'Hiſtoire des Rois Louis XI & Charles VIII (depuis 1464 juſqu'à 1498.) avec les preuves donnés par Godefroy. *Bruxelles*, *Foppens*, 1723, 5 *vol. in*-8. *avec les portraits.*
847 Hiſtoire de François I par M. Gaillard. *Paris*, 1766, 4 *vol. in*-12.
848 Commentaires de Blaiſe de Montluc, Maréchal de France (depuis 1521 juſqu'en 1574.) *Paris*, 1746, 4 *vol. in*-12. *v. fauve.*
849 Mémoires de Condé, ou Recueil des choſes mémorables advenuës ſous les Régnes de François II & Charles IX, avec des remarques. *Londres* (*Paris*) 1740, 6 *vol. in*-12.
850 Journal d'Henri III, par Pierre de l'Étoile, nouvelle édition avec les notes de J. Godefroy. *Cologne*. (*Bruxelles*,) 1720, 4 *vol. in*-8. *rel. en* 2, *avec les portraits*, *v. fauve.* — Deſcription de l'iſle des Hermaphrodites, pour ſervir de ſuplément à l'ouvrage précédent (par Artus Thomas d'Embry.) *Cologne*, (*Bruxelles*) 1724, *in*-8. *en tout* 5 *vol. reliés en* 3.
851 La Légende de Charles, Card. de Lorraine, & de ſes freres de la maiſon de Guiſe. *Reims*, 1579, *in*-8.
852 Hiſtoria delle Guerre civile di Francia, di H. C. Davila, (d'all'an. 1559 al 1598.) *in Londra*, 1755, 2 *vol. in*-4. *gr. pap.*

853

853 Mémoires de Marguerite de Valois, Reine de Navarre & de France, premiere femme d'Henri IV, (depuis 1565 jusqu'en 1581,) augmentés de son éloge, de celui de M. de Bussy, & de la fortune de la Cour, (avec les notes de J. Godefroy.) *La Haye*, 1715, 2 *vol. in*-8. *reliés en un.*

854 Satyre menippée, de la vertu du Catholicon d'Espagne, & de la tenue des Etats de Paris en 1593 (par Pierre le Roy) avec quelques autres pieces & des remarques de (Pierre Dupuy.) *Ratisbonne*, 1726, 3 *vol. in*-8. *fig. v. fauve.*

855 L'Esprit de la Ligue, ou Histoire politique des Troubles de France, pendant les seizieme & dix-septieme siécles, (par Anquetil.) *Paris*, 1767, 3 *vol. in*-12.

BRANCHE DE BOURBON.

Règne d'Henri IV.

856 Histoire du Roi Henri le Grand, par Péréfixe. *Paris*, 1661, *in*-4.

857 De l'Amour d'Henri IV pour les lettres, (par M. l'abbé Brizard.) *Paris*, 1785, *in*-12. *petit form.*

858 Journal du Règne d'Henri IV (depuis 1594 jusqu'en 1611,) par P. de l'Etoile, avec des remarques, (par l'abbé Lenglet Dufrénoy.) *La Haye* (*Paris*) 1741, 4 *vol. in*-8.

859 Mémoires d'Etat de M. de Villeroi, sous Charles IX, Henri III, Henri IV & Louis XIII, depuis 1567 jusqu'en 1604, (publiés par Auger de Mauleon de Granier) avec d'autres mémoires recueillis ensuite de ceux de M. de Villeroi, deduis 1572 jusqu'en 1620, publiés (par Dumesnil Basire.) *Amst.* 1725, 7 *vol. in*-12. *petit format, veau fauve.*

860 Mémoires de M. de Sully, mis en ordre avec des remarques & publiés par l'abbé de l'Ecluse. *Londres* (*Paris*) 1745, 8 *vol. in*-12

861 Lettres du Cardinal d'Ossat, contenant ses négociations à Rome depuis 1594 jusqu'en 1604, avec les notes d'Amelot de la Houssaye. *Amst.*, 1714, 5 *vol. in*-12.

862 Mémoires du Duc de Rohan, contenant ce qui s'est passé depuis la mort d'Henri IV jusqu'en 1629. *Amst.* (*Paris*) 1756, 2 *vol. in*-12.

863 Intrigue du Cabinet sous Henri IV & Louis XIII, ter-

minée par la Fronde. (par Anquetil.) *Paris*, 1780, 4 *vol. in*-12.

Règne de Louis XIII.

864 Histoire du Règne de Louis XIII, par le Vassor. *Amst.* 1712, 18 *vol. in* 12. *avec portraits.*

865 Mémoires de M. de Montrelor, contenant diverses piéces durant le ministère du Cardinal de Richelieu. *Cologne*, (*Trevoux*) 1723, 2 *vol in*12 *petit for.*

866 La Vie du Pere Joseph, Capucin, contenant l'Histoire Anecdote du Cardinal de Richelieu. *Saint-Jean de Maurienne*, 1750, 2 *vol. in*-12.

867 Mémoires d'Omer Talon, contenant ce qui s'est passé de remarquable dans le Parlement de Paris & à la Cour, depuis 1630 jusqu'en 1653. *La Haye* (*Paris*) 1732, 8. *vol. in*-12.

868 Mémoires pour servir à l'Histoire d'Anne d'Autriche, épouse de Louis XIII, (depuis 1615 jusqu'en 1666) par Madame de Motteville. *Amst.* (*Paris*) 1739, 6 *vol. in*-12. *v. fauve.*

Règne de Louis XIV.

869 Histoire de Louis XIV, par Reboulet. Avignon, 1744, 3 *vol. in*-4.

870 Histoire de Louis XIV depuis la mort du Cardinal Mazarin en 1661 jusqu'en 1678, par Pelisson, publiée par l'abbé le Mascrier. *Paris*, 1749, 3 *vol. in*-12. *veau fauve.*

871 Le Siécle de Louis XIV, par Francheville (Voltaire.) *Leipsic*, (*Paris*) 1753, 4 *vol. in*-12 *p. for.*

872 Mémoires de M. de la Porte, premier Valet de Chambre de Louis XIV, contenant plusieurs particularités des Règnes de Louis XIII & de Louis XIV. *Genève*, (*Trévoux*) 1755, *in*-12. *p. f.* — Mémoires d'Henri-Charles de la Trémoille, Prince de Tarente, contenant quelques événemens du Règne de Louis XIV, (depuis 1638, jusqu'en 1670,) *Liége*, 1767, *in*-12.

873 Mémoires de M. de Bordeaux, Intendant des Finances sous la minorité de Louis XIV, publiés (par Gratian des Courtils.) *Amst.* (*Trévoux*) 1758, 4 *vol. in*-12.

874 Mémoires du Cardinal de Retz, suivis de ceux de Joly. *Amst.* (*Rouen*) 1717, 6 *vol. in*-12. *v. f.*

875 — **Les mêmes, augmentés de la Conférence de Ruel;** du Courrier burlesque de la Guerre de Paris, de la conjuration de Fiesque, des Mémoires de Joly, & de ceux de Madame de Nemours. *Genève, (Paris)* 1751, 7 *vol. in-12. p. f.*

876 Mémoires du Duc de Navailles, depuis 1638, jusqu'en 1683,) *Amst.* 1701, *in 8. v. f.* — Mémoires de la minorité de Louis XIV. *Amst.* 1723, 2 *vol. in-12. veau fauve.*

877 Mémoires de M. de Gourville, (depuis 1642 jusqu'en 1668.) *Paris*, 1724, 2 *vol. in12.* — Mémoires & Réflexions sur les principaux événemens du Règne de Louis XIV, depuis 1643 jusqu'en 1697, (par le Marquis de la Fare.) *Amst.* 1734, *in-8.*

878 Négociations en Italie, d'Henri Arnaud, Evêque d'Angers, pendant les années 1645, jusqu'en 1648. *Trévoux*, 1748, 5 *vol. in-12.*

879 Histoire des Démeslés de la Cour de la Cour de France avec celle de Rome, au sujet de l'Affaire des Corses, par l'abbé Regnier Desmarais. *(Paris)* 1707, 1 *vol. in-4. v. fauve.*

880 Histoire de Louis de Bourbon, (dit le Grand Condé) par M. Desormeaux. *Paris*, 1766, 4 *vol. in-12.*

881 Histoire de Madame Henriette d'Angleterre, premiere femme de MONSIEUR, frére de Louis XIV, avec les Mémoires de la Cour de France pour les années 1688 & 1689, par la Comtesse de la Fayette. *Amst.* 1742, *in-12. v. f.* — Les Souvenirs de Madame de Caylus. *Amsterd.* 1770, *in-8.*

882 Mémoires du Comte de Forbin, Chef d'Escadre, (depuis 1675 jusqu'en 1710 publiés par Reboulet & le P. le Comte.) *Amst. (Paris)* 1730, 2 *vol. in-12.* — Mémoires de M. du Guay-Trouin, depuis 1689 jusqu'en 1712. *Amst. (Paris)* 1740, *in-8. fig.*

883 Mémoires de M. le Duc de Saint-Simon, ou l'Observateur véridique sur le Règne de Louis XIV & les premieres époques du Règne suivant. *Paris*, 1788, 3 *vol. in-8. broché.*

884 Mémoires politiques & militaires pour servir à l'Histoire de Louis XIV & de Louis XV, (depuis 1682 jusqu'en 1756,) composés sur les piéces originales, recueillies par Adrien Maurice, Maréchal Duc de Noailles, par l'abbé Millot. *Paris*, 1776, 6 *vol. in-12.*

Règne de Louis *XV.*

885 Journal historique ou Fastes du Règne de Louis XV, depuis 1715 jusqu'à la fin de 1764. *Paris*, *Prault*, 1766, 2 *vol. in*-8.

886 . . . .

887 Mémoires de la Régence de Philippe Duc d'Orléans, sous la minorité de Louis XV, (depuis 1715 jusqo'en 1723). *Amst.* (*Paris*), 1749, 5 *vol. in*-12. *p. f.*

888 Avantures de Pomponius, Chevalier Romain, ou Histoire de notre temps. *Rome*, (*Hollande*), 1724, *in*-12.

889 Mémoires de Madame de Staal (depuis 1715 jusq. 1720). *Londres*, (*Paris*), 1745, 4 *vol. in*-8.

890 Mémoires de l'Abbé Montgon, (1724 à 1750), avec les piéces justificatives, publiés par lui même. *Lausanne*, 1750, 10 *vol. in*-12.

891 Fêtes données par la ville de Strasbourg, pour l'arrivée du Roi, en 1744, *in fol. plano*, *br.*

892 Panégirique de Louis XV, 1749, *in*-12.

Testament politique du Maréchal Duc de Belle-Isle, (par Chevrier). *Amst.* (*Paris*), 1761, *in*-12.

Mémoire historique sur la négociation de la France & de l'Angleterre, depuis le 26 Mars jusqu'au 20 Septembre 1761, *in*-12.

Ouvrages particuliers, relatifs a l'Histoire de France.

Etat Civil & Ecclésiastique de France.

893 Etat de la France, nouvelle édition, publiée par les Bénédictins. *Paris*, 1749, 6 *vol. in*-12.

894 Etat des Archevêchés, Evêchés, Abbayes & Prieurés du Royaume, de nomination Royale. *Paris*, 1743, *in*-8.

Traités sur le Gouvernement de France, Etats-Généraux, &c.

895 Les Origines ou l'ancien gouvernement de la France, de l'Allemagne & de l'Italie. *La Haye*, (*Paris*), 1757, 4 *vol. in*-12.

896 Considérations sur le Gouvernement ancien & présent de

la France, (par le Marquis d'Argenſon). *Amſt. Rey*, 1765, *in*-8.

897 Mémoires ſur les Etats-Généraux, leurs droits & la maniere de les convoquer, par le Comte d'Antraigues, 1788, *in*-8. *br.*

Obſervations ſur les Etats-Généraux de France, par M. Mounier, 1789, *in*-8. *br.*

Chronologie des Etats-Généraux, par Savaron, 1788, *in*-8.

Relation de ce qui s'eſt paſſé aux Etats-Généraux de 1614, par M. Collin. *Paris*, 1789, 2 *vol. in*-8.

898 La Nobleſſe conſidérée ſous ſes divers rapports dans les aſſemblées de la Nation, ou Repréſentations des Etats-Généraux & aſſemblées des Notables pour & contre les Nobles, par M. Chérin. *Paris*, 1788, *in*-8.

899 Recueil de différentes piéces ſur les Etats-Généraux, *in*-8.

900 Eſſai ſur l'Hiſtoire des Comices de Rome, des Etats-Généraux de la France & du Parlement d'Angleterre. *Paris*, 1789, 3 *vol. in*-8. *br.*

Hiſtoire de quelques villes de France.

901 Hiſtoire & Recherches des Antiquités de la ville de Paris, par Sauval. *Paris*, 1724, 3 *vol. in-fol.*

902 Eſſais hiſtoriques ſur Paris, par Ste.-Foix. *Paris*, 1763, 5 *vol. in*-12.

903 Deſcription de Paris, Verſailles, Marly, Meudon, St.-Cloud, Fontainebleau, & autres belles maiſons des environs de Paris, par Piganiol de la Force. *Paris*, 1742, 8 *vol. in*-12. *fig.*

904 Journal de Paris, très-complet, depuis qu'il a commencé en Janvier 1777, juſques & compris 1788, *rel. en* 21 *vol. in*-4. Nota. *l'année* 1788, *& le reſte en feuilles.*

905 Almanach Royal, années ſéparées depuis 1724 juſqu'à 1746, & ſuite exacte depuis 1750, juſqu'à 1789 inclus. *en tout* 50 *vol. in*-8. *rel. & br.*

906 Recherches hiſtoriques concernant les droits du Pape, ſur l'Etat & Ville d'Avignon, 1768, *in*-12.

HISTOIRES ETRANGERES.

HISTOIRE D'ITALIE.

907 Les délices de l'Italie, (par Rogissard & H ***) *Amst.* (*Paris*), 1743, 4 *vol. in*-12. *fig.*

908 Histoire de Florence, traduite de l'Italien de Machiavel. *Amst.* 1694, 2 *vol. in*-12.

909 Roma antica e moderna. o Sia nuova descrizione della Citta di Roma. *In Roma*, 1745, 3 *vol. in*-8. *fig.*

910 Conjuration de Nicolas Gabrini dit de Rienzi, Tyran de Rome en 1347, par le pere du Cerceau. *Paris*, 1733, *in* 12.

Le courier dévalisé, publié par Ginifaccio Spironcini (Ferrante Pallavicino). *Ville Franche*, 1644, *in*-12.

911 Di una riforma d'Italia, Ossia Dei Mezzi di riformare i piu cattivi costumi, e le piu perniciose Leggi d'Italia. *In Villa Franca*, 1770, *in*-12.

912 Istoria Civile del Regno di Napoli, di Pietro Gianone, con le opere postume, e la professionne di fede del autore. *Haia*, *Gosse*, (*Lausanne*), 1753, 5 *vol. in*-4. *veau. ec. dor. sur tr.*

913 Histoire civile du Royaume de Naples, trad. de l'Italien de Gianone, avec des notes, des réflexions & des médailles. *La Haye*, *Gosse* (*Lausanne*), 1742, 4 *vol. in*-4. *v. f. d. sur tr.*

914 Histoire des Rois des deux Siciles de la Maison de France, par d'Egly. *Paris*, 1741, 4 *vol. in*-12.

915 Istoria della Republica Veneta, di Battista Nani. *Venezia*, 1762, 2 *vol. in*-4. *rel. en parch.*

916 Histoire des révolutions de Gênes. *Paris*, 1750, 3 *vol. in*-12.

HISTOIRE D'ESPAGNE ET DE PORTUGAL.

917 Histoire des révolutions d'Espagne, par le pere d'Orléans, revue & publiée par les peres Rouillé & Brumoy. *Paris*, 1734, 3 *vol. in*-4. *gr. pap. v. f.*

918 Vie de Philippe II Roi d'Espagne, trad. de l'Italien de Grégorio Leti. *Amst.* 1734, 6 *vol. in*-12.

919 Testament politique du Cardinal Albéroni. *Lausanne*, 1753, *in*-12.

Histoire de la conjuration de Portugal en 1640. *Paris*, 1689, *in*-12.

Histoire d'Angleterre.

910 Hiſtoire d'Angleterre. par Rapin de Thoiras, augmentée des notes de Tyndal, & des actes de Rymer qui y ont rapport; nouvelle édition, publiée par St.-Mard. *La Haye*, (*Trévoux*), 1749, 16 *vol. in*-4.

921 Abrégé de l'Hiſtoire d'Angleterre, de Rapin Thoiras. *La Haye*, 1730, 10 *vol. in*-12.

922 Elémens de l'Hiſtoire d'Angleterre, par l'Abbé Millot. *Paris*, 1773, 3 *vol. in*-12.

923 Abrégé chronologique de l'Hiſtoire d'Angleterre, par Duport du Tertre. *Paris*, 1752, 3 *vol. in*-12.

924 Hiſtoire de la maiſon de Tudor ſur le Trône d'Angleterre, trad. de l'Anglais de David Hume, (par Madame Belot). *Amſt.* (*Paris*), 1763, 2 *vol. in*-4.

925 Hiſtoire de la maiſon de Stuart, trad. de l'Anglais de Hume, (par l'Abbé Prévoſt). *Londres.* (*Paris*), 1763, 3 *vol. in*-4.

926 Hiſtoire de Marguerite d'Anjou, Reine d'Angleterre, par l'Abbé Prévoſt. *Amſt.* (*Paris*), 1740, 2 *vol. in*-12.

927 Vie d'Elizabeth, Reine d'Angleterre, trad. de l'Italien de Gregorio Léti. *Amſt.* 1704, 2 *vol. in*-12.

928 Hiſtoire de la rebellion & des guerres civiles d'Angleterre, depuis 1641, juſqu'au rétabliſſement de Charles II, par Edward, Comte de Clarendon. *La Haye*, 1704, 6 *vol. in*-12.

929 Vie d'Olivier Cromwel, trad. de l'Italien de Gregorio Leti. *Amſt.* 1706, 2 *vol. in*-12.

930 Mémoires pour ſervir à l'Hiſtoire de la Grande Bretagne, ſous les règnes de Charles II & de Jacques II, trad. de l'Anglais de Gilbert Burnet. *La Haye*, 1725, 6 *vol. in*-12.

931 Hiſtoire de Guillaume III, Roi de la Grande Bretagne, par Samſon. *La Haye*, 1703, 3 *vol. in*-12. *fig.*

932 Hiſtoire de Guillaume III, Roi de la Grande Bretagne. *Amſt.* 1703, 2 *vol. in*-12.

Lettres de Filtz-Moritz, ſur les affaires du temps, (1698, juſqu'en 1718), trad. de l'Anglais, par Garneſai. *Rotterdam*, 1718, *in*-12.

933 Les intérêts de l'Angleterre, mal entendus dans la guerre préſente, (de 1701), (par l'Abbé Dubos). *Amſt.* 1704, *in*-12.

Le procès ſans fin ou l'Hiſtoire de John Bull, (allégorie critique de la Guerre de 1701), par Swift. *Londres*, (*Paris*), 1753, *in*-12.

934 Mémoires secrets de Mylord Bolingbroke, sur les affaires d'Angleterre, depuis 1710 jusqu'en 1716. *Londres*, (*Paris*), 1754, *in*-8.

Le Peuple instruit, ou les Alliances dans lesquelles les Ministres de la Grande Bretagne ont engagé la nation, &c. trad de l'Anglais, (par Geneit.) *Paris*, 1756, *in*-12.

935 Histoire du Parlement d'Angleterre, par M. l'Abbé Raynal. *Londres*, (*Paris*) 1751, 2 *vol. in*-12. *reliés en un*.

936 Londres. (par Grosley.) *Lausanne* (*Paris*) 1770, 3 *vol. in*-12.

HISTOIRE DE LA HOLLANDE.

937 Annales des Provinces-Unies, avec la Description historique de leur Gouvernement, par Basnage. *La Haye*, 1719, *in-fol.*

938 Histoire d'Hollande, depuis la Trêve de 1609, jusqu'en 1679, par La Neuville. *Paris*, 1698, 4 *vol. in*-12.

939 Essai historique & politique sur le Gouvernement présent de la Hollande, 2 parties, 1748. — Histoire des différens Siéges de Berg-op-zoom, 1747, — Histoire du Stadhoudérat, par l'abbé Raynal, premiere édition, 1747. — Lettre d'un Gênois à son Correspondant à Amsterdam, 1747, *le tout en un vol. in*-12. — Histoire du Stadhoudérat, depuis son origine jusqu'à présent, par l'abbé Raynal. *cinquieme édition. Paris*, 1750, 2 *volumes in* 8. *rel. en un. en tout 2 vol.*

HISTOIRE D'ALLEMAGNE, DE LA PRUSSE, &c.

940 Annales de l'Empire depuis Charlemagne jusqu'à la fin du Règne de Charles VI en 1740, (par Voltaire.) *Basle*, 1753, 2 *vol. in*-8.

941 Histoire du Règne de l'Empereur Charles V, trad. de l'anglois de Robertson, (par M. Suard.) *Paris*, 1771, 6 *vol. in*-12.

942 Lettres du Baron de Busbec, sous les Règnes de Ferdinand premier & Rodolphe II, par l'abbé de Foy. *Paris*, 1748, 3 *vol. in*-12.

943 Mémoires de Montecuculi, Généralissime des Troupes de

de l'Empereur. *Amst.* (*Trévoux*) 1746, 2 *vol. in-12.*

944 Histoire de l'Empereur Charles VI, par la Lande. *La Haye*, 1743, 6 *vol. in-12.*

945 Mémoires de M. de la Colonie, Officier au service de Baviere, contenant les évènemens de la Guerre, depuis 1692 jusqu'en 1717. *Bruxelles*, (*Paris*) 1748, 2 *vol. in-12.*

946 Tableau de l'Empire Germanique, dans lequel on traite du Gouvernement de l'Allemagne, des Electeurs, des Princes de l'Empire &c. 1741, 1 *vol. in-12.* — Tableau du Gouvernement actuel de l'Empire d'Allemagne, par Schmauff. *Paris*, 1755, 1 *vol. in-12.*

947 Mémoires pour servir à l'Histoire de Brandebourg, (par Frédéric II, Roi de Prusse.) 1751, 2 *vol. in-8. rel. en un.*

948 De la Monarchie Prussienne sous Frédéric le Grand, par le Comte de Mirabeau. *Londres*, (*Paris*) 1788, 8 *vol. in-8. & 1 vol. in-fol. de Plans & de Cartes, bro.*

949 Vie de Frédéric II, Roi de Prusse, avec grand nombre de Remarques, Pieces justificatives, Anecdotes &c. *Strasbourg*, *Treutttel*, 1787, 4 *vol. in-8. br.*

Histoire de la Suisse.

950 Histoire de la Confédération Helvétique, par de Watteville. *Berne*, 1754, 2 *vol. in-8. rel. en un.*

951 Lettres de William Coxe sur l'Etat politique, civil & naturel de la Suisse, traduites de l'anglais, (par Ramond) *Paris*, 1781, 2 *vol. in-8.*

Histoires des Pays du Nord.

Histoire de Suéde.

952 Histoire de Suéde, par Puffendorf. *Amst.* 1732, 3 *vol. in-12.*

953 Histoire des Révolutions de Suéde, par l'abbé de Vertot. *Paris*, 1751, 2 *vol. in-12.*

954 Histoire de Gustave Adolphe, Roi de Suéde, composée d'après les manuscrits de M. Arkenholtz. *Amst.* 1764, 4 *vol. in-12. avec cartes & plans.*

955 Histoire de Christine, Reine de Suéde, par M. Lacombe. *Paris*, 1762, *in-12.* — Histoire de Charles XII,

Roi de Suéde, par Voltaire. *Amst.* 1734, 2 *vol. in*-12. *v. fauve.*

956 Histoire abrégée de l'état présent de la Suéde. *Londres*, (*Paris*) 1748, 2 *vol. in*-8. *rel. en un p. for.* — Actes de ce qui s'est passé à la Diéte de Suéde en 1755 & 1756, avec une relation de la derniere révolte. *Paris*, 1756, *in*-12.

Histoire de Russie.

957 Mémoires du Règne de Pierre le Grand par le Boyard Iwan Nestesuranoi. *Amst.* 1728, 4 *vol. in*-12.

958 Anecdotes du Règne de Pierre I, contenant l'Histoire de la Czarine Eudochia Federowna, premiere femme de ce Monarque, la disgrace du Prince Mencicow, & l'Ordonnance de Pierre I pour la réforme du Clergé. *Paris*, 1745, *in*-12. *v. f.* — Mémoires du Règne de Catherine I. Impératrice de Russie. *Amsterdam*, 1728, 1 *vol. in*-12.

Histoire de Pologne.

959 Histoire des Rois de Pologne & du Gouvernement de ce Royaume, (par Massuet.) *Amsterdam*, 1733, 5 *vol. in*-12.

960 Histoire de Jean Sobieski, Roi de Pologne, (par l'abbé Coyer.) *Paris*, 1761, 3 *vol. in*-12.

961 La Voix libre du Citoyen, ou Observations sur le Gouvernement de Pologne. 1749, 2 *volumes in*-12. *rel. en un.*

HISTOIRE DE L'ASIE.

962 Histoire de l'Empire Ottoman, trad. de l'anglais de Ricaut. *La Haye*, 1709, 2 *vol. in*-12. *rel. en un.*

963 Mœurs & Usages des Turcs, (par Guer.) *Paris*, 1746, 2 *vol. in*-4. *fig. v. f.*

964 Mémoires du Baron de Tott, sur les Turcs & les Tartares. *Amst.* (*Paris*) 1784, 4 *vol. in*-8. *rel. en deux.*

965 Histoire des Sarrasins, trad. de l'anglais de Simon Ockley, (par M. Jault.) *Paris*, 1748, 2 *vol. in*-12.

966 Histoire de Saladin, Sultan d'Egypte & de Syrie, par M. Marin. *Paris*, 1758, 2 *vol. in*-12.

967 Histoire de Tamerlan, Empereur des Mogols, & Con-

quérant de l'Aſie, (par le Pere Margat.) *Paris*, 1739, 2 *vol. in-12.*

968 Mémoires du Colonel Lawrence, contenant l'Hiſtoire de la Guerre dans l'Inde entre les Anglais & les Français, depuis 1750, juſqu'en 1761, avec une relation de ce qui s'eſt paſſé de remarquable ſur la Côte de Malabar &c., publiés par Richard Owen Cambridge, & trad. de l'anglais. *Amſt.* (*Paris*). 1766, 2 *vol. in-12.*

969 Etat civil, politique & commerçant du Bengale, traduit de l'anglais, de Bolts, par Demeunier. *La Haye*, (*Paris*), 1775, 2 *vol. in-8. rel. en un.*

970 — Le même. *Maeſtricht*, 1778, 2 *vol. in-8. rel. en un.*

971 Hiſtoire générale de la Chine, ou annales de cet Empire, traduite du texte chinois, par le P. de Moyriac de Mailla; *volume de ſuplément ſeulement*, *formant le tome 13 de l'Hiſtoire générale*, rédigé par l'Abbé Groſier. *Paris*, *Moutard*, 1785, *in-4.*

972 Hiſtoire naturelle civile & Eccléſiaſtique du Japon, compoſée en allemand, par Kempfer, & traduite en français ſur la verſion anglaiſe de Jean-Gaſpard Scheuchzer. *La Haye*, *Goſſe & Neaulme*, 1726, 2 *vol. in-fol. fig.*

973 Hiſtoire de Sumatra, dans laquelle on traite du Gouvernement, du Commerce, des Arts, des Loix, des Coutumes & des Mœurs des Habitans de cette Iſle, traduite de l'anglais de William Marſden, par Parraud. *Paris*, 1788, 2 *vol. in-8. br.*

974 Hiſtoire des découvertes & conqueſtes des Portugais dans le nouveau monde, (les grandes Indes ſeulement), par le Père Lafiteau. *Paris*, 1734, 4 *vol. in-12. fig.*

HISTOIRE D'AFRIQUE.

975 Recherches ſur les Egyptiens & les Chinois, par de Paw. *Berlin*, 1773, 2 *vol. in-12.*

976 Lettres ſur l'Égypte, par Savary. *Paris*, 1786, 3 *vol. in-8.*

HISTOIRE DE L'AMÉRIQUE.

977 Recherches ſur les Américains, par de Paw. *Berlin.* 1768, 2 *vol. in-8*; ſuivis de la critique de cet ouvrage, par Dom Pernety, & de la défenſe des recherches, par de Paw. 1770, *en tout* 4 *vol. in-8. & in-12.*

978 Histoire de l'Amérique, par Robertson, trad. de l'anglais, (par MM. Suard, & Abbé Arnaud). *Paris*, 1778, 4 *vol. in*-12.

979 Histoire des guerres civiles des Espagnols dans les Indes, trad. de l'Espagnol de Garcilasso de la Véga, par Baudoin. *Paris*, 1658, 2 *vol. in*-4.

980 Le commentaire Royal ou l'Histoire des Incas Rois du Pérou, écrite en langue Péruvienne, par l'Ynca Garcilasso de la Véga, & trad. sur la Version Espagnole, par J. Baudoin. *Paris*, 1633, *in*-4.

981 Histoire des Incas, Rois du Pérou, trad. de l'Espagnol de Garcilasso de la Véga, (par Dalibard). *Paris*, 1744, 2 *vol. in*-12. *v. f.*

982 Les Incas, ou la destruction de l'Empire du Pérou, par Marmontel. *Paris*, 1777, 2 *vol. in* 8.

983 Histoire de l'Amérique Septentrionale, par de Bacqueville de la Poterie. *Paris*, 1722, 4 *vol. in*-12. *fig.*

984 Histoire & description de la nouvelle France, par le Pere Charlevoix. *Paris*, 1744, 6 *vol. in*-12. *fig.*

985 Histoire de la Jamaïque, trad. de l'Anglais. *Londres*, (*Paris*), 1751, 2 *vol. in*-12. *rel. en un. fig.*

986 Histoire de la Louisiane, par Le Page du Pratz. *Paris*, 1758, 3 *vol. in*-12. *fig.*

987 Recueil d'observations curieuses sur l'Histoire, les mœurs, coutumes & usages de différens peuples de l'Asie, de l'Afrique & de l'Amérique. *Paris*, 1749, 4 *vol. in*-12.

988 Histoire Philosophique & Politique des établissemens & du commerce des Européens dans les Indes. *Amst.* 1770. 6 *vol. in*-12.

989 — La même. *La Haye*, 1774, 7 *vol. in*-8.

990 — La même, *Genève*, 1780, 5 *vol. in*-4. *y compris l'Atlas.*

PARALIPOMÈNES HISTORIQUES.

Histoire Généalogique.

991 Dictionnaire généalogique, héraldique, chronologique & historique, par Desbois. *Paris*, 1757, 3 *vol. in*-8.

992 Tablettes historiques, généalogiques & chronologiques. *Paris*, 1749, 6 *vol. in* 24. — Almanach généalogique pour l'année 1749, *in*-24. — Mémorial de chronologie, généalogique & historique pour les années 1752, 53, 54 & 55, par l'Abbé d'Estrées, 4 *vol.*, en tout 11 *vol. in*-24.

HISTOIRE LITTÉRAIRE.

Mélanges d'Histoire & de Littérature.

993 Mélanges critiques de Littérature, par Le Clerc. *Amst.* 1706, *in*-12.
— Mémoires de Littérature, (par Henri Albert de Sallengre). *La Haye*, 1715, 4 *vol. in*-12.
994 Mélanges d'Histoire & de Littérature, sous le nom de Vigneul Marville, (par Dom Bonaventure d'Argonne). *Paris*, 1725, 3 *vol. in*-12.
995 Mémoires historiques, critiques & littéraires, par Amelot de la Houssaie. *La Haye*, (*Paris*), 1737, 3 *vol. in*-12.
996 Nouveaux Mémoires d'Histoire, de critique & de Littérature, par l'Abbé d'Artigny. *Paris*, 1749, 7 *vol. in*-12.
997 Mélanges de littérature orientale, par Cardonne. *Paris*, 1770, 2 *vol. in*-12.
998 Anecdotes Litteraires, ou Histoire de ce qui est arrivé de plus singulier & de plus intéressant aux Ecrivains Français depuis François 1er. jusqu'à nos jours. *Paris*, 1750, 2 *vol. in*-12.
999 Histoire littéraire du Règne de Louis XIV, par l'Abbé Lambert. *Paris*, 1751, 3 *vol. in*-4.
1000 Le Parnasse Français, par Titon du Tillet. *Paris*, 1732, 1 *vol. in-fol. avec les portraits.*

Histoire des Académies.

1001 Histoire de l'Académie-Française, depuis son établissement jusqu'en 1652, par Pellisson, continuée par l'Abbé d'Olivet jusqu'en 1700. *Paris*, 1730, 2 *vol. in*-12. *v*, *f*.
1002 Histoire & Mémoires de l'Académie Royale des inscriptions & Belles Lettres. *Paris*, 1736 & *suite*, 30 *vol. in*-4.
1003 Origine des jeux fleureaux de Toulouse, par Caseneuve. *Toulouse*, 1659, *in*-4.

BIBLIOGRAPHIE.

Bibliographes périodiques, ou Journaux Littéraires.

1004 Histoire des ouvrages des savans, par Basnage de Beauval, depuis Septembre 1687, jusqu'en Juin 1709. *Amst.* 1687, & *suite*, 24 *vol. in*-12

1005 Nouvelles de la République des lettres, depuis Mars 1684 jusqu'en Juin 1718, (par Pierre Bayle, J. Barrin, Jacques Bernard & Jean Le Clerc). *Amst.*, 1684 *& suite*, 57 *vol. in*-12. Nota. *manque les années* 1711, 12, 13, 14 & 15.

1006 Bibliothéque Universelle & Historique, (par Jean Le Clerc), depuis 1686, jusqu'en 1693. *Amst.* 1687 *& suite*, 23 *vol. in*-12. Nota. *manque le Tom. II & le volume des Tables.*

1007 Bibliothèque choisie, servant de suite à la Bibliothéque Universelle, depuis 1703 jusqu'à 1713 inclus, (par le même Jean le Clerc), avec la table générale. *Amst.* 1712, *& suite*, 28 *vol. in*-12.

1008 Bibliothéque ancienne & moderne, servant de suite à la Bibliothéque choisie, (par le même Jean le Clerc), depuis 1714 jusques & compris 1719, avec la table. *Amst.* 1714, *& suite*, 29 *vol. in*-12.

1009 Journal littéraire depuis Mai 1713, jusqu'en 1732, inclus, (par les sieurs Alexandre, Van-Effen, Sgravesande, Marchand, de Sallengre & Thémiseul de St. Hyacinte). *La Haye*, 1713 *& suite* 19 *vol. in*-12.

1010 Le Nouvelliste du Parnasse, (par l'Abbé Desfontaines). *Paris*, 1731, 3 *vol. in*-12.

1011 Lettres de la Comtesse de * * *, sur quelques écrits modernes. *Genêve*, (*Paris*), 1746, *in*-12. — Lettres sur quelques écrits de ce temps, par Fréron. *Genêve*, (*Paris*) 1749, 3 *vol. in*-12.

1012 Observations sur la littérature moderne. *La Haye*, (*Paris*), 1749, 4 *vol. in*-12.

1013 Essai de Littérature pour la connoissance des livres. *La Haye*, 1703, *in*-24.

Catalogues de Bibliothéques.

1014 Bibliotheca Italiana, o sia notizia de libri rari nella lingua Italiana, per Nicolo Francesco Haym. *In Venezia*, 1741, *in*-4.

1015 Cataloque des livres de la Bibliothéque de l'Abbé d'Orléans de Rothelin. *Paris*, *G. Martin*, 1746, *in*-8. *avec les prix.*

1016 Catalogue des livres de la Bibliothéque de M. Secousse. *Paris*, *Barrois*, 1755, *in*-8. — Catalogue de livres du Cabinet de M. Girardot de Préfond. *Paris*, *Debure*, 1757, 1 *vol. in*-8. *avec les prix.*

Vies des hommes illustres Anciens et Modernes.

1017 Les Princes célébres qui ont régné dans le monde. *Paris*, 1769, 4 *vol.-in-12.*

1018 Les hommes illustres Grecs & Romains, comparés l'un à l'autre, par Plutarque de Chéronée, de la Version de Grec en Français, par Jacques Amiot. *Paris*, 1645, 2 *vol. in-fol.*

1019 Histoire de Scipion l'Africain, pour servir de suite aux Hommes Illustres de Plutarque, (par l'Abbé Séran de la Tour). *Paris*, 1738, *in-12.* — Vies de Solon & de Publicola. *Paris*, 1748, *in-12*

1020 Cornelius Nepos, de Vita excellentium Imperatorum, ex Recognitione Steph. And. Philippe. *Lutet. Parisior. David*, 1745, *in-12. v. f. d. s. t.*

1021 Histoire de Cicéron, tirée de ses écrits & des monumens de son siécle, par Middleton, trad. par l'Abbé Prévost. *Paris*, 1743, 4 *vol. in-12.* Avec les lettres de Cicéron à Brutus, pour servir de suite à l'Histoire de Cicéron, traduites par le même, 1744, *en tout* 5 *vol. in-12.*

1022 Œuvres de Brantome, contenant les vies des hommes & femmes Illustres de son temps. *La Haye*, *Néaulme*, 1740, 15 *vol. in-12. p. f. v. f.*

1023 Vie de Michel de l'Hôpital, Chancelier de France. *Paris*, 1764, *in-12.* — Vie du Chancelier Bacon, trad. de l'Anglais, 1755, *in-12.*

1024 La vie & les sentimens de Lucilio Vanini. *Amst.*, 1717, *in-12.* — Vie de Pierre Aretin, par Boispreaux, 1750, *in-12.*

1025 Vie du Maréchal Fabert, par le Pere Barre. *Paris*, 1752, 2 *vol. in-12.* — Vie du Duc de Montausier. *Paris*, 1729, *in-12.*

1026 Vie de l'Abbé de Choisy. *Lausanne*, 1748, *in-8.* — Vie de Moliere, par Grimarest. *Paris*, 1705, *in-12.* — Mémoires de Charles Perrault, pour servir à l'Histoire de sa vie, écrits par lui même, contenant beaucoup de particularités & d'anecdotes du ministère de M. Colbert. *Avignon*, (*Paris*), 1759, *in-12.*

1027 Vie de Bayle, par Desmaiseaux. *La Haye*, 1732, 2 *vol. in-12.*

1028 Histoire de la vie & des ouvrages de M. de Fénélon, Archevêque de Cambray. *Amst.* (*Paris*), 1729, *in-12.*

1029 Vie privée du Cardinal Dubois. 1789, *in-8. br.*

1030 Vies des Femmes illustres & célèbres de la France, (par Maubuy). *Paris*, 1766, 5 *vol. in*-12.

1031 Mémoires & Lettres pour servir à l'Histoire de la vie de Ninon Lenclos. *Amst.* (*Paris*), 1751, deux ouvrages, *en un vol. in*-12.

1032 Portrait de Madame Geoffrin. 1777, *in*-8. — Nécrologe des Hommes célèbres. *Années* 1767, 1769, 70, 71 & 72. *Paris*, 5 *vol. en*-12.

1033 Vie de Voltaire. *Genéve*, 1786, *in*-8.

1034 Entretiens sur les vies & les ouvrages des Peintres, avec la vie des Architectes, par Félibien. *Trévoux*, 1725, 6 *vol. in*-12. — Vies des premiers Peintres du Roi, par Lépicier. 1752, 2 *vol. in*-12. *rel. en un.*

1035 Mémoires de M. Goldoni, pour servir à l'Histoire de sa vie, & à celle de son Théâtre, écrits par lui-même. *Paris*, 1787, 3 *vol. in*-8. *br.*

Dictionnaires et Extraits Historiques.

1036 Dictionnaire historique de Moréri. *Paris*, 1725 6 *vol. in-fol.*

1037 Dictionnaire historique & critique, par Pierre Bayle. *Rotterdam*, 1720, 4 *vol. in-fol.*

1038. Analyse raisonnée de Bayle, & particulierement de son Dictionnaire, (par l'Abbé Marsy). *Paris*, 1755, 4 *vol. in*-12.

1039 Dictionnaire historique portatif des grands Hommes, par l'Abbé Ladvocat. *Paris*, 1752, 2 *vol. in*-8.

1040 Anecdotes Françaises depuis l'Etablissement de la Monarchie, jusqu'au Règne de Louis XV, (par l'Abbé de la Porte). *Paris*, 1767, *in*-8.

1041 Victoires mémorables des Français, depuis le commencement de la Monarchie, jusqu-à la fin du Règne de Louis XIV, (par Alletz). *Paris*, 1754, 2 *vol. in*-12.

1042 Essai sur les grands événemens, par les petites causes, (par M. Richer. *Paris*, 1764, 2 *vol. in*-12.

FIN.

Lu & approuvé ce 10 Juin. 1789. MÉRIGOT jeune, *Adj.*

De l'Imprimerie de Prault, Imprimeur du Roi, quai des Augustins, à l'Immortalité.

ORDRE DE LA VENTE.

Les Livres ſeront expoſés dans l'ordre qui ſuit :

Le Lundi 22 Juin 1789.

Théologie,	depuis le N. 1.	juſqu'au N. 9. incluſ.
Juriſprudence,	depuis le N. 21.	juſqu'au N. 27.
Sciences & Arts,	depuis le N. 53.	juſqu'au N. 66.
Belles Lettres,	depuis le N. 238.	juſqu'au N. 247.
	depuis le N. 338.	juſqu'au N. 355.
	depuis le N. 439.	juſqu'au N. 448.
	depuis le N. 540.	juſqu'au N. 547.
	depuis le N. 644.	juſqu'au N. 653.
Hiſtoire,	depuis le N. 735.	juſqu'au N. 746.
	depuis le N. 885.	juſqu'au N. 892.

Les numéros 741 & 746 ſe vendront à la fin de la vacation.

Le Mardi 23.

Théologie,	depuis le N. 10.	juſqu'au N. 20.
Juriſprudence,	depuis le N. 28.	juſqu'au N. 39.
Sciences & Arts,	depuis le N. 67.	juſqu'au N. 81.
Belles-Lettres,	depuis le N. 248.	juſqu'au N. 255.
	depuis le N. 356.	juſqu'au N. 365.
	depuis le N. 449.	juſqu'au N. 459.
	depuis le N. 548.	juſqu'au N. 559.
	depuis le N. 654.	juſqu'au N. 663.
Hiſtoire,	depuis le N. 747.	juſqu'au N. 753.
	depuis le N. 893.	juſqu'au N. 906.

Les numéros 747 & 749 ſe vendront à la fin de la vacation.

Le Jeudi 25.

Juriſprudence,	depuis le N. 40.	juſqu'au N. 51.
Sciences & Arts,	depuis le N. 82.	juſqu'au N. 100.
Belles-Lettres,	depuis le N. 256.	juſqu'au N. 266.
	depuis le N. 366.	juſqu'au N. 375.
	depuis le N. 460.	juſqu'au N. 470.
	depuis le N. 560.	juſqu'au N. 570.
	depuis le N. 664.	juſqu'au N. 673.
Hiſtoire,	depuis le N. 754.	juſqu'au N. 763.
	depuis le N. 907.	juſqu'au N. 919.

Le numéro 371 ſera vendu à la fin de la vacation.

Le Vendredi 26.

Sciences & Arts,	depuis le N. 101.	jusqu'au N. 123.
Belles-Lettres,	depuis le N. 267.	jusqu'au N. 277.
	depuis le N. 376.	jusqu'au N. 389.
	depuis le N. 471.	jusqu'au N. 481.
	depuis le N. 571.	jusqu'au N. 581.
	depuis le N. 674.	jusqu'au N. 681.
Histoire,	depuis le N. 764.	jusqu'au N. 785.
	depuis le N. 920.	jusqu'au N. 936.

Les numéros 575 & 680 se vendront à la fin de la vacation.

Le Samedi 27.

Sciences & Arts,	depuis le N. 124.	jusqu'au N. 146.
Belles-Lettres,	depuis le N. 278.	jusqu'au N. 286.
	depuis le N. 390.	jusqu'au N. 396.
	depuis le N. 482.	jusqu'au N. 491.
	depuis le N. 582.	jusqu'au N. 591.
	depuis le N. 682.	jusqu'au N. 690.
Histoire,	depuis le N. 786.	jusqu'au N. 808.
	depuis le N. 937.	jusqu'au N. 951.

On vendra les numéros 682 & 805 à la fin de la vacation.

Le Mardi 30.

Sciences & Arts,	depuis le N. 147.	jusqu'au N. 168.
Belles-Lettres,	depuis le N. 287.	jusqu'au N. 297.
	depuis le N. 397.	jusqu'au N. 409.
	depuis le N. 492.	jusqu'au N. 500.
	depuis le N. 592.	jusqu'au N. 599.
	depuis le N. 691.	jusqu'au N. 698.
Histoire,	depuis le N. 809.	jusqu'au N. 826.
	depuis le N. 952.	jusqu'au N. 970.

Les numéros 289 & 296 seront vendus à la fin de la vacation.

Le Mercredi premier Juillet.

Sciences & Arts,	depuis le N. 169.	jusqu'au N. 191.
Belles-Lettres,	depuis le N. 298.	jusqu'au N. 306.
	depuis le N. 328.	jusqu'au N. 337.
	depuis le N. 410.	jusqu'au N. 419.
	depuis le N. 501.	jusqu'au N. 510.
	depuis le N. 600.	jusqu'au N. 608.
Histoire,	depuis le N. 827.	jusqu'au N. 848.
	depuis le N. 971.	jusqu'au N. 990.

Le numéro 176 sera vendu à la fin de la vacation.

Le Jeudi 2.

Sciences & Arts,	depuis le N. 192.	jusqu'au N. 212.
Belles-Lettres,	depuis le N. 307.	jusqu'au N. 327.
	depuis le N. 522.	jusqu'au N. 529.
	depuis le N. 609.	jusqu'au N. 620.
	depuis le N. 699.	jusqu'au N. 710.
Histoire,	depuis le N. 849.	jusqu'au N. 868.
	depuis le N. 991.	jusqu'au N. 1008.

Le Vendredi 3.

Sciences & Arts,	depuis le N. 213.	jusqu'au N. 237.
Belles-Lettres,	depuis le N. 420.	jusqu'au N. 430.
	depuis le N. 511.	jusqu'au N. 521.
	depuis le N. 621.	jusqu'au N. 633.
	depuis le N. 711.	jusqu'au N. 724.
Histoire,	depuis le N. 869.	jusqu'au N. 884.
	depuis le N. 1009.	jusqu'au N. 1022.

On vendra le numéro 216 à la fin de la vacation.

Le Samedi 4.

Belles-Lettres,	depuis le N. 431.	jusqu'au N. 438.
	depuis le N. 530.	jusqu'au N. 539.
	depuis le N. 634.	jusqu'au N. 643.
	depuis le N. 725.	jusqu'au N. 734.
Histoire,	depuis le N. 1023.	jusqu'au N. 1042.

N. B. On vendra, à la fin de la derniere Vacation, quelques Livres non énoncés dans le Catalogue.

Les personnes, qui ne pourront venir à la Vente, voudront bien écrire au sieur ROZET, Libraire, qui se chargera de leurs commissions avec soin.

Il continue toujours d'arranger les Bibliothéques, & d'en faire les Catalogues par ordre de matieres, ordre alphabétique, & Table des Auteurs tout ensemble, avec indication de la position des Livres, pour les trouver sur le champ. Il les écrit aussi lui-même avec propreté.

Sa demeure est toujours rue Saint-Sauveur, n°. 55, & au premier Juillet prochain, même rue, n°. 62.

www.ingramcontent.com/pod-product-compliance
Ingram Content Group UK Ltd.
Pitfield, Milton Keynes, MK11 3LW, UK
UKHW020942180726
13838UKWH00003B/1076